U0061005

蔣匡文 編著　萬里機構・萬里書店 出版

建築師

明察地運

www.wanlibk.com

www.facebook.com/wanlibk

www.superbookcity.com/wanli

建築師明察地運

編　著
蔣匡文

編　輯
吳春暉

封面設計
任霜兒

版面設計
李林峰

出版者
萬里機構‧萬里書店
香港鰂魚涌英皇道1065號東達中心1305室
電話：2564 7511　　傳真：2565 5539
網址：http://www.wanlibk.com

發行者
香港聯合書刊物流有限公司
香港新界大埔汀麗路36號中華商務印刷大廈3字樓
電話：2150 2100　　傳真：2407 3062
電郵：info@suplogistics.com.hk

承印者
美雅印刷製本有限公司

出版日期
二〇一四年五月第一次印刷

作者介紹

蔣匡文

　　香港政府註冊建築師，香港、澳洲皇家、英國皇家建築師學會會士，蔣匡文建築師事務所、廣州匡宇建築設計顧問有限公司CEO、董事。香港大學與清華大學合辦之「緣起與風水—現代風水實學」教授。香港屯門妙法寺、清水灣半島、南灣及赤柱私人別墅、觀塘APM的設計師，香港多位名人、富豪、地產商及演員的風水顧問。

　　蔣匡文先生畢業於香港大學建築系，自幼愛好天文、地理之學，後拜中州派著名風水大師、香港紫微斗數協會創始人王亭之為師，是其首徒，學習易經、堪輿風水、紫微斗數等術數三十餘年，對配合傳統建築理論、現代建築與「天地人」等環境關係深有研究，在業內享有盛名，著作包括《生活風水凶吉》、《堪輿管見》、《現代建築與風水》、《設計與風水》、《建築師揀樓智慧》、《建築師地運觀測》等。近年在國內參與地產發展項目，並擔任風水建築顧問，是2008年南京「報恩寺遺址考古」發掘出「佛陀舍利塔」顧問團成員，也曾接受鳳凰衛視、亞洲電視、無線電視、香港電台等訪問及作嘉賓主持。

序

「建築師」風水系列叢書，不覺已寫了四本。但是初版的前三部，不是洛陽紙貴，只是坊間大部分早已售罄。但至今不少舊雨新知索求甚殷，與老編商議後，把第三本「建築師地運觀測」重新編改。

此書初版時因談及香港各區之地形地勢，對於一些外地朋友，不太熟悉香港地形的，會有點理解上的困難。為事書之不足，今版盡量加入一些插圖，使大家可以按圖索驥，一目了然。此外也加入一些初版時未有登錄及新增之文章，加以補益。

讀者如已買到「地運」一書，可以參樣再買此版。要知道，擇地講風水，雖然房屋之「坐向」至為重要，但其實「擇地」也為第一，「孟母三遷」是其握要。家居香港，了解香港大風水格局，有利擇「地區」而居。

此書出版，對香港的風水格局及歷史作一個較全面的記錄及反映，祈希讀者喜愛。

蔣匡文

目錄

地運概論

風水與天運地運

「堪輿」學又名「地理」，俗稱「風水」，是中國流傳的一種相地學術，用來選擇最適當的地點建設國都或郡縣，以至安家立宅及安葬祖先。希望得到天地氤氳之氣或先人的庇蔭，達到國運祚長，鄉郡盛隆，家族興旺及減少災病等目的。

《淮南子》天文訓篇：「堪輿徐行雄，以音知雌。」許慎注：「堪，天道；輿，地道也。」堪輿實乃取天高地下之意義。

「風水」二字，首見於傳為東晉郭璞所作的《葬書》：「氣乘風則散，界水則止，古人聚之使不散，行之使月止，故謂之『風水』。」風水學上主要講求得聚天地之「氣」，這種「氣」藏在山野四處，散漫於天空之間，但這「氣」遇到河流水道便停止，人居住於這吉氣聚集之地，便可健康長壽，人口興旺。立墳於此，可庇蔭其後人。

這種天地之「氣」有吉有凶，隨着時間而改變運行，有時在東，有時在西，古代術家根據統計、徵驗等方法而總括出一套規律，稱這為「元運」或「天運」。由於各地山川地勢不同，相同元運加於不同地區會產生不同的氣勢，因而形成各地不同的「地運」。

「地運」再加上每個人不同的「人運」及建屋立墳的不同時間，就做成各種複雜繁瑣的變化。這也解釋風水上為甚麼同一間屋，我居吉而彼居凶的理由。

中國的三條主龍及兩大水系（【明】吳以玕著《地理不求人》）

中國的三條龍

堪輿學術的運用，本來首重建都，其次是遷州立縣，再次是立宅安墳。《地理人子須知》論帝都篇：「帝都者天子之地也，地理之大莫先於此。」因為國都盛旺，也是國家富強之徵。但是在封建社會，談論建都立縣，都有被懷疑想造反叛國之嫌，嚴重時可抄家滅族，因此古代民間術家多避而不談，因而捨本逐末，專注做功夫於建宅安墳等為個人利益之事。

中國歷代建都有多處，時間最久及主要的有六大古都：北京、長安（西安）、洛陽、汴梁（開封）、南京及杭州。國都的變遷，歷史學家、地理學家等有環境、社會人民等各種因素解釋，但堪輿學家則別有不同的觀點。風水家稱所有山脈為「龍」，而龍的形成是受天上星宿的影響而產生的。《玉尺經》説：「萬山一貫，起自崑崙，峙出孤宗，分行八極……艮、震、巽三條入中國而五嶽分居」。

中國地區為三條龍──北龍、中龍及南龍所分，而中國文化發源的兩大水系黃河及長江則分居其中。其中北龍結脈於北京，中龍結垣於長安、洛陽及汴梁（開封），南龍則結於金陵（南京）及杭州。這些城市之所以成為國都，是因為它們具備「上合天星垣局，下鍾正龍王氣」的因素（見《地理人子須知》「論帝都必合星垣」篇。）。中國古代天文學把天上星宿分作三垣及廿八宿，三垣分別為紫微垣、太微垣及天市垣，以象人間帝王宮庭及城市之佈局。六大古都附近左右的大小山川，地勢上和中國古代天文學上的三個帝星垣形勢相象而成，正合乎堪輿術上「在天成象，在地成形」之理。

六大古都的氣運

如把六大古都的氣運久暫列表，從表中可知道其中以北京、長安為都時間最久，中國的盛朝如漢唐以至元明清均建都於此。其他都城都有不同的缺點，如洛陽多為長安之偏都，杭州為南宋偏安的「臨都」，汴梁雖為北宋之都，但主要礙於形勢，由開國至終，一直為契丹及金朝所左右大局。南京之垣內多泄氣，歷史上多為中國分裂時偏安之地。

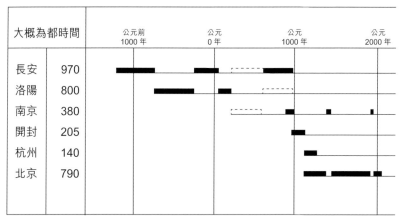

大概為都時間		公元前 1000 年	公元 0 年	公元 1000 年	公元 2000 年
長安	970				
洛陽	800				
南京	380				
開封	205				
杭州	140				
北京	790				

六大古都氣運表

崑崙山

帝都要合天星之垣，但不須注重於星垣形態，最重要是合山水大結聚之局。現舉北京、長安為例，列出它們為帝都特別之處。

中龍自崑崙山發脈，經現青海甘肅等荒漠無人之地，到關中地區而林木大盛，文物興旺，號稱八百里秦川，東有函、殽二關，西有散關之險，地理上合紫微垣帝局。長安地處中央，而為渭、涇、灃、澇、潏、滈、潏、灞等八條河於東南西北四方所包圍，為八水繞城之局，由於黃土地質、河流之分割成很多的土「原」，於長安中央的龍首原，更是帝垣之徵，西漢長安和唐大明宮都是背此而建的，其附近的少陵原、鳳棲原等類似星垣之左樞、少輔等助星，而漢時有太液、昆明湖，唐有曲江池等大小結聚，使成為帝京，合山水一時之盛。

中土北龍，經內蒙等地至燕然山，山勢突然開展成帝垣之勢而終於渤海之濱，北京城坐於三海之末，西北有湖水結聚，東南有永濟、通濟等水流通，加上明成祖時鑿湖而成煤山，結聚之氣更盛。

但是為甚麼古代多在長安建都而近現代多在北京呢？這與堪輿家稱的「氣運開啟」有關。水為財、為運氣的根源，這與古代城市中主要食物運輸靠漕運，現代城市靠陸路運輸有關。隋唐之前，

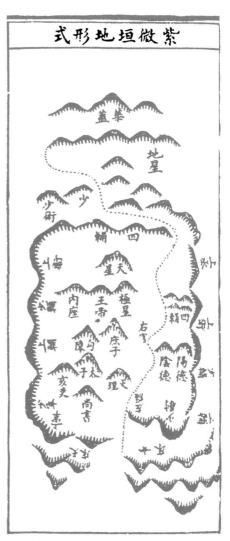

中國古代天文學上三個帝星垣之一的紫微垣
【明】徐善繼著《地理人子須知》。

中國氣運流轉於黃河東西，江南、燕冀（北京）地方都是偏遠之郡，國都多立於長安、洛陽之間，自隋煬帝開鑿運河後，南北氣運大開。此外加上漢唐歷代於長安、洛陽附近大量伐木建設，水土流失，漸漸影響當地的自然環境。根據考證，現代西安城的平均溫度要比隋唐時代低五度以上呢！（《中國近五千年來氣數變遷的初步研究》，竺可楨著，《考古學報》1972-73 第 1-2 期）在風水家眼中，這正是氣運衰敗之象。相反北京在古時氣運未通，只為偏郡，但時移勢易，遼金時山水聚結，昆明湖（現在頤和園）和北、中、南三海等相繼為人工或天然而建成，北運河、永濟渠等開鑿，煤山建立，帝垣之勢更盛，在此消彼長之下，長安因而沒落而北京大盛。安和唐大明宮都是背此而建的，其附近的少陵原、鳳棲原等類似星垣之左樞、少輔等助星，而漢時有太液、昆明湖，唐有曲江池等大小結聚，使成為帝京，合山水一時之盛。

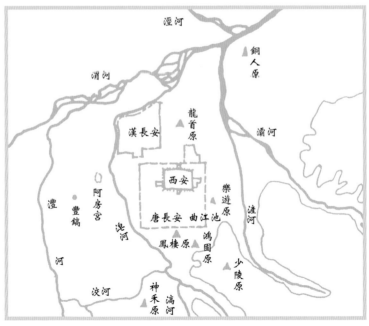

西安附近地形圖
（八水繞城之局）

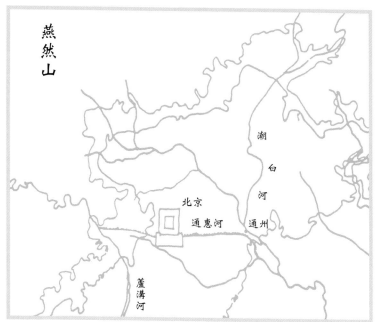

北京附近地形圖

影響將來中國地運的因素

從以上我們可以看到，風水學不一定是一門科學，因為到現在還沒有全面的可測驗性及唯物理論，但它和現在的環境學，運輸學、自然科學、經濟、物理及心理等有一定關係，而且風水是可以改變的，不單只是個人方面，整個國家社會也可以改變。

那麼中國將來的首都也會不斷改變嗎？有甚麼因素會影響中國地運的改變呢？從風水的角度來看，除了突發的天災人禍如黃河氾濫改道外，影響中國地運的是：

（一）中國興建的「綠色長城」──用以抵抗戈壁沙漠進侵華北的植林帶；

（二）「南水北調」──把珠江或長江水引到北方，用以解決中國天然環境中南澇北旱的問題。

無論如何，這些改變都是把中國推到另一個百年的文化高峰。

南方火德旺粵港

香港得天地氤氳之氣

　　中國歷史統計顯示，大部份朝代的建立，都是由北方佔領及統治南方，歷史學家或許有很多不同的解釋，但以堪輿學家而言，此現象是由天運理氣所推動。中國山脈由長江及黃河割為北、中、南三個山脈系統，堪輿家稱為北龍、中龍及南龍。歷史上中龍以長安、洛陽等發展最先，後而北龍的北京統治中國。但根據推算，近代發南方火德，自從明代第一次由南方征服北方蒙古統治而建立明朝起，經太平天國以至民初北征，南方的經濟及政治發展，雖然不能改變北方統治南方的大勢，但都成為左右中國政局的一大因素，這種發展是由氣運改變而成。香港於近百年由一個邊遠的小漁村發展成為世界三大金融中心之一的大都會，也是因得這天地氤氳之氣。

　　風水學上所說的龍，就是和地理上山脈的走勢基本上相同，龍顯現時為山脈，在改變時結為山峰，或為護衛的屏障，到適當地點時結為穴，這一個穴便是風水學所尋求的吉地。穴與脈潛伏時可以如平地，只有三兩尺之高差。因此穴的吉凶審斷，要看來水、周圍高山及高建築物等而定。

1969年香港衛星圖

廣州與香港是兩個龍頭

據堪輿學的解釋，廣東屬中國南龍所發之脈，南在八卦方位上屬離屬火，因此近年來，雖然上海還是全球外資最喜歡投資之地，但廣東已上升為全國向中央納稅之首。從風水的角度看，廣州是廣東政治上的龍頭，它的吉凶其實間接影響香港的風水。

廣州市先後把周圍的佛山、順德等市納入版圖，又在大廣州市內擴建地鐵，建大學城、展覽中心、珠江新城新規劃等，大展拳腳。有抱着大香港的人對此發出警號，擔心有一天被廣州奪去泛珠三角龍頭地位。

泛珠三角龍頭是一個非常模糊的概念，從風水學的角度看，廣州的珠江水來自西面西江會合北江橫過廣州沙面出海，在東南方再與東江相會，是一個三江匯流、乾（西北）來水、巽（東南）

廣州格局

去水之格局，而其山脈從東北方艮卦「來龍」，直至白鵝潭（今白天鵝賓館對出）止，面朝西南（坤）方的西樵山，是一個山水大會的「紫微垣」格局，故此廣州歷代都是整個廣東的政治中心。

表面上香港的格局也和廣州有點相似，香港的主要來水來自西北的珠江口，經蛇口、汲水門入港，與西南博寮海峽之水會合流過維多利亞港，在巽（東南）鯉魚門、佛堂門出大洋。加上本港的祖山大帽山位於海港的西北乾方，正應驗了《天玉經》所説：「乾山乾向水朝乾」之局，表面上與廣州不相伯仲。

香港的格局雖大，但由於土質屬「沙塵」之土，土面較薄而小，海港內有不少土地都是填土而來，土薄氣淺不利「威權」，加上格局上是「泗水歸田」的天市垣局，故此是一個以經濟為主的城市。

香港格局

　　廣州與香港，就有如美國華盛頓與紐約，一個是政治中心，一個是經濟中心，屬兩個不同的龍頭。

　　從廣州的角度從北向南看，香港正好在珠江的左岸，為青龍首，澳門則在其右岸為白虎，由於海洋對流關係，珠江水出口便分清濁，清流向東向香港，含沙泥重之濁流向西流入澳門。

　　風水上東為青龍屬木，主生長，為正財，故此香港發展成經濟金融中心；白虎屬金，主是非爭鬥，為偏財，故此澳門發展為賭之城，這都是廣州正龍格局的影響，並非偶然。

廣州歷代為廣東的政治中心，左青龍發正財、商貿，故發香港；右白虎主偏財、是非、競爭，故發澳門賭城。

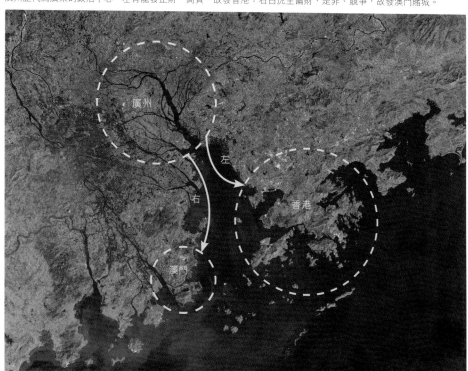

香港垣局

　　香港山脈來龍，追本尋源起於帕米爾高原之蔥嶺南部，東出崑崙山脈，輾轉由廣東五嶺山之大瘐嶺分支為羅浮山脈，以羅浮山為主峰，南下石龍渡東江，至樟木頭之東白雲峰，再南下經梧桐山而起香港新界之大帽山，為香港之祖山，大帽山東南行而結垣於香港海港之間。

　　香港海港西面有大嶼山、青衣等遙拱，北有大帽山、八仙嶺等護衛，東有佛頭洲、東龍洲及清水灣半島關緊鯉魚門海口，南有南丫島、蒲台島等侍從，形成海港垣局的外城。

　　大帽山來龍至獅子山，整個九龍之山巒，由西邊的大欖涌經深井、上花山、大帽山、筆架山、獅子山、飛鵝山，東至鯉魚門之魔鬼山，形成一道北方的屏障。

　　港島這邊，以扯旗山為主峰，西起摩星嶺，經扯旗山至柏架山及歌連臣山，東至小西灣炮台山，形成南方的一道屏障，成回龍顧首之局。

天市垣地形之圖
【明】徐善繼著《地理人子須知》

天市垣天星之圖
【明】徐善繼著《地理人子須知》

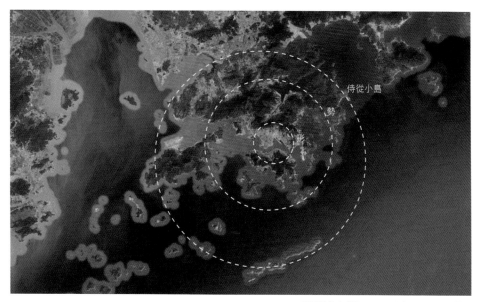

香港港海之外垣——百步為形，千步為勢。

天市垣

　　在中國堪輿學，理論上應為「在天成象，在地成形」。如果天上星宿有某一種形狀，在地上的山川形勢便有一種感應，變成一處風水旺地。

　　在星宿分野上，中國人把天上星星的分佈，分為三垣廿八宿，廿八宿是指月亮在一個月之中每一晚所停留的星宿，三垣則是指在北斗星與廿八宿中間的三組星垣，分別是指紫微垣、太微垣與天市垣，形狀是以中國古代的君、臣結構來組成，以帝星為一個星垣的中心，四周由宦官、斗、宗人及秦晉巴蜀等列國圍繞，仿如一個帝王的朝廷結構，天市垣正是這三個星垣其中之一。在星宿之中，以這三個星垣屬於主要星系，它們的變動對整個中國政治形勢都有極大的影響。

　　三垣之中，紫微垣與太微垣都屬於與政治有關的星系，而天市垣正如其名，是天上的市場，與買賣交易錢財等經濟活動有關，雖然可以影響政治，但不是一個主要的政治中心。

香港形勢似「天市垣」

堪輿學上，香港的整個地勢正正是一個「天市垣」。

港島和九龍這兩道屏風之間，便成為天市之中心區，扯旗山、筆架山等便相等於天市垣中四野之星。

香港的統治中心港督府，正位於天市垣的中心位置。

天市垣其中最主要的星系是市樓，在古代市樓是一個城市中官方指定的交易中心，是財富的來源及集散地。在香港的形勢中，市樓的位置正好在深水埗、長沙灣、青衣、荃灣一帶，從歷史上來看，這個地區正是本港工業的創始地，直到現在也是全港最重要的工業地區，該地區的對面海，正是葵涌貨櫃碼頭區及遠洋客運貨輪的停泊區，也是本港的金錢的基本來源。

天市垣

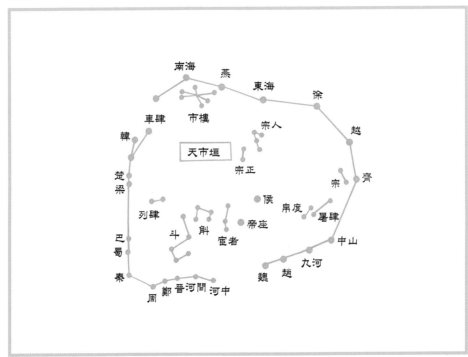

　　從圖來看，整個香港、九龍半島及大嶼山等山脈便形成一個狀似天市垣的形勢，但這個天市垣也並非全部是天然而成，因為在英國侵佔九龍半島前，九龍尖沙咀一帶與香港島中環之間都是一些淺灘海岸，天市垣的珠江水由汲水門流入後便經西博寮海峽及後來的維多利亞港洩去，在風水上這叫「水大無收」。

　　但後來英國人因為港島北岸平地不足應用而把中環及尖沙咀一帶海邊填平，間接把香港、九龍之間的海口收緊，氣口收緊便氣聚而財不會洩，因此天市垣之氣才成形，香港才漸漸有各工商業發展而成今日之面貌。

與天市垣圖對照着看，可以發現香港的格局就是一個現實版的「天市垣」。

氣運流轉

以上所說主要以勢為主，也是風水學上形格之説。但氣運興衰，也要合乎「理氣」的標準來作定。

以風水家中三元所説，天運是基於洛書九宮，以一百八十年為大運，分為上、中、下三元，六十年為一元，以一至九之數管每二十年，一、二、三管上元，四、五、六管中元，而七、八、九統下元。每運以所管之數入中宮，然後依洛書之數順排，例如六運六入中，七到乾，八到兌，九到艮，一到離，二到坎，三到坤，四到震，五到巽。七運時七入中，八到乾，九到兌……六到巽，餘此類推。

每運以入中之星為當旺，未到之星為旺運，過去之數為衰死。例如七運「七」為當運之星，「八」「九」為未來之旺數，「六」「五」為衰死之星等等。各數之中，又以五為五黃煞，居於八宮都為不吉。

南		
四	九	二
三	五	七
八	一	六

東　　　　　　　西

北

洛書之數

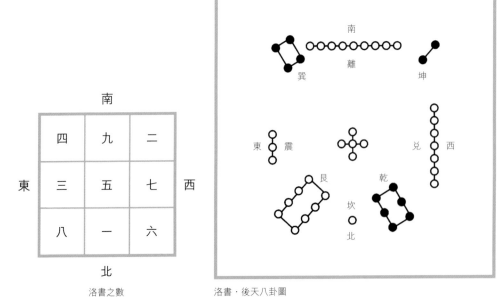

洛書・後天八卦圖

理氣與地勢結合時，簡單來說，如果九宮的旺方有高山體正峰圓或高建築物、池水等，一般是可以增加該局的吉氣，相反來說，在旺方有破敗之山，或衰敗方有高山、水澤動土工程等，都是大凶之象。

從這幾點可以看到，以洛書九宮而分，乾方都是未來吉氣所管，如六運時七在乾，七運時八在乾等等。所以乾方有高山美樓，除非有其他破敗因素影響之外，一般都是使局垣興旺之吉星。例如北京紫禁城，乾方便有北海及白塔，再遠有頤和園玉泉山。南京舊皇城，乾方便有玄武湖幕府山。以香港而言，乾有祖山大帽山及城門水塘，正合山上有水之吉局。城垣之內，九龍區以筆架山廣播道一帶起，經九龍塘、又一村、嘉道理山、何文田山到尖沙咀為主脈，四面受高山環抱，受氣運影響平均，故九龍高尚住宅區當於此一帶，又因汲水門氣大，九龍西面如旺角、荃灣、美孚等區人口較密，工商業發展較早較盛。

港島方面，因沿海而居，一般來說除山頂及正脈之中區外，其他地區受理氣、填海等影響較大，這可從香港開埠歷史中看得到。

開埠之初（1884 年 -1903 年）二黑管運，商業區集中於水坑口一帶。

南		
一	六	八
九	二	四
五	七	三

東（左） 西（右）
北

二運飛星

及三運主事（1904 年 -1923 年），水坑口受五黃煞於兌方影響，政府下令把妓館遷至石塘咀，當時石塘咀有大水坑流出海，正匯乾方四綠之氣，故煙花之事，為華南之冠。

三運飛星

四運管事後不久（1924 年 -1943 年）政府便禁娼，加上後來填海，當地便未能回復舊觀，四運時五黃在乾方，衰死之氣來襲，因此香港整體經濟大受影響，1929 年的大罷工，1941 年日軍佔領等事因此而生。

四運飛星

此後五運、六運（1944 年 -1983 年）皆有吉星拱照坤山艮向之港督府，故其中雖有流年不利，但整體工商業也突飛猛進，成為遠東金融中心。住宅方面，以羅便臣道及寶雲道等為最興盛。

五運飛星

六運飛星

　　時移世易，1984 年起七數施權，八白星飛乾而乾方大盛，因此香港政經上也受乾方（廣州）大大影響，以住宅來説，其後十年北角區坐巽受乾方吉照，為當旺之地。

　　但以上所説是概括之言，要知道吉地中也有凶宅，敗地也有吉處，個人居宅之吉凶，要看本人福澤及詳細計算才可作最後決定。

七運飛星

香港地運大局

形理合一，缺一不可

自 1997 年香港回歸，至今日的立法會選舉、政制改革方案，投票率與特首民望一樣下跌，大小政治及民生的爭拗不絕。有反對者把所有的問題都歸咎於沒有普選，但是這爭拗是否可以避免呢？背上的紋理形態如同文字，他以為這是上天給出的治水預示，便稱其為「洛書」。

洛書之數的排列，依口訣為：「戴九履一、左三右七、二四為肩、六八為足、五居中央。」

在現在風水學上，一般以後天八卦配合洛書來表示方向。

在風水上香港的爭拗是有跡可尋的。風水上講求形理合一，形是指形勢，也就是一個事物的外表外形及它的象徵，理是指某地點的方向、時間等因素。

社會爭拗多，遊行示威不斷。

古代至今，有不少人士都往往把形理說成形家、法家兩派，形家代表江西派，法家代表福建派，其實這是外行人對內行的誤解，真風水是形理合一，缺一不可。

大風水格局

城市的大風水格局

　　形是以其外物形態為名，堪輿學上稱為「呼形喝象」。這套方法是有一定規則，並非一些不學無術之人「隨口噏」，例如現名樂富之「老虎岩」，其名與「青龍七宿」中的「尾」宿有關。

　　一個城市的大風水格局，當以其主腦統治者之所在，以及城市中的大型特有面貌為最重要，這些面貌包括大川大河大山水，以至人工的建築物，古代是橋樑、高塔、牌坊之類，今日可能是一些特高大廈、大橋、機場等等。香港的大型特有面貌，包括凸在海港中之「會展中心」或全港最高的環球貿易廣場（ICC）大廈，也包括全海港都可見的渣甸山、安達臣山的「爛山頭」。

香港會展中心

全港最高的建築——環球貿易廣場(ICC)大廈

港九兩把惡口似隔海相罵

在香港島，幾十年前在渣甸山上曾開了一個石礦，這石礦到了 1980 年代才停工，現在是政府儲存軍火及射擊練習場。但是停工幾十年，政府各部門無人作主，從來沒有想過把這醜陋的山綠化，恢復自然，結果我們這個世界級之海港，從九龍看香港島，便看到這大煞風景之破山頭。

此外，政府更在九龍東的安達臣山上開礦取石，這山頭原名「大上托」，港英在 1997 年 6 月再續約十年。

於是，這兩個爛山坡就象罵人的惡口，一個在九龍，一個在香港，象兩個人隔港對罵。

這位於港灣東北面的石礦，更是我們 1997 年後走衰運的風水原因。因為 1998 年太歲在東北，當年五黃飛星也是在東北，形成「太歲疊五黃」，而採礦更是「太歲頭上動土」，所以主衰五年以上之應，香港便有沙士及五十萬人示威等問題。

安達臣礦場與渣甸山石礦像兩把爛口，隔海對罵。

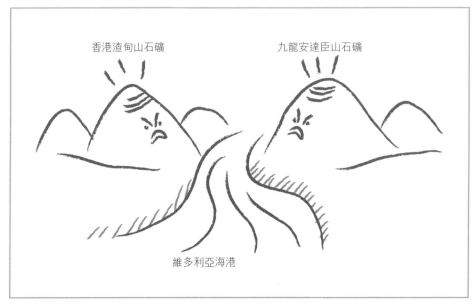

香港渣甸山石礦　　　　　九龍安達臣山石礦

維多利亞海港

　　筆者多次指出，現在風水曆法上正處於下元八運的運內。下元八運中艮卦是旺卦，艮是東北方，在此方向有高山有門路，此地自然大旺。相反，此方大煞有問題會影響大局。香港以維港、香港島、九龍半島為中心，維港內的東北方正是飛鵝山及大上托山一帶，所以開始踏入八運開始，大上托山上的安達臣礦場動工，自然對本港產生不良影響。因為風水上「山主人丁水主財」，石礦場破壞了旺運之山，香港人自然人心不穩，對政府諸多不滿。

渣甸山的石礦是一個大煞風景的破山頭

安達臣礦場是令香港走衰運的風水原因

青馬大橋犯「六七」交劍煞

此外，於 1998 年起用的赤鱲角新機場，也是風水爭拗的原因之一。

在風水城市規劃上，洛書八卦中西方屬兌卦，兌的象之一是水澤，但也是兵災、刀劍、爭拗、白虎之象，所以在中國大部分有千年歷史的城市中，其統治中心西面都有一片大河、大湖、大水，如惠州有西湖，杭州也有西湖，北京紫禁城西面則有三海，廣州也是北江、西江會水於其西面。

因為兌屬金，金可主爭拗，但五行中金生水，西方有水便可化解兵災、爭拗之事，在古代，這更是城市中防止改朝換代時被戰火毀滅或敵軍屠城的重要手段。

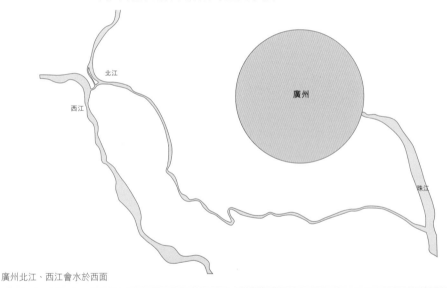

廣州北江、西江會水於西面

北京紫禁城、西面的三海——北海、中海、南海

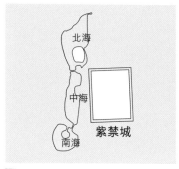 

杭州西湖位於城市的西面

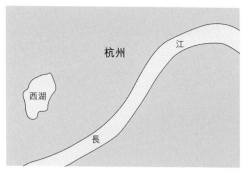 

　　北京由元至明、清、民國至 1949 年，都沒有入城屠城之事，這便是城市風水得宜所至。

　　至於南京，雖有長江在西，但由於秦始皇的破壞，鑿穿秦淮河破了風水，所以朝代替換時多有屠城之禍。

　　本港海港西面是一片海，與大嶼山相隔，本來符合格局，但九七前後建新機場在大嶼山之西，也是在本港之西。此方面並非一些「大師」所指是西南面，大家可以看地圖便知。

由機場經青馬大橋，從西北方來港島，本來西北有水，有路為吉，但西北為乾，象數為「六」，兌西方之數為「七」，風水訣有曰：「六七為交劍煞」，有如兩劍交戰之象。

每日有多班飛機升降，也動了「六七」，自然爭拗不絕。

新機場建設補全了香港的「天市垣」格局，有利於商業經濟；不過，自 1998 年機場搬遷後，香港社會、政治多爭拗，也是不爭的事實。

南京秦淮河破壞了風水格局

南京秦淮河

青馬大橋犯了交劍煞

風水化解之道

日內瓦湖噴水之風景

　　新的港珠澳大橋在本港的落腳點在大嶼山機場以東。此橋由本港直往西通珠澳兩地，在八運會帶來貿易上的方便，但是也會帶來更多爭拗，阻礙政府施政。

　　問題既已存在，但風水之道還是可以用人的智慧去改變這些人為的錯誤。

　　一、在東北方，化些時間去綠化安達臣山的石礦場，石礦場前還有一列房署公屋，可以在此公屋中建設一個大型噴水池，變成一個山上有水之局，則其凶煞可以減少。

啟德油輪碼頭規劃

　　二、在前啟德機場建郵輪碼頭側，建造如瑞士日內瓦湖中的噴水景觀，既可以解凶，也可以成為維港的新旅遊景點。

　　三、政府官員要是有點想像力，大可以邀一些藝術家、雕塑家，把光禿禿的渣甸山山頭變成一個公共藝術雕塑，像四川樂山大佛一樣，成為新的旅遊景點，吸引遊客。

前啟德機場景色

　　古人所謂「家和萬事興」，減小爭拗可以使本港更快進步，要批評政府也可以用較和平的方法，不要為爭拗而爭拗，才是香港之福。

填海計劃破壞香港風水

氣運轉移南方

　　政府推出一套新海港填海計劃，惹來包括環保人士、專業人士、愛護海港的人、航運界，以至中方、發展商等的一片反對之聲，其中。政府所持的理由，自然是要以最便宜的價錢，去解決本港的交通及房屋等問題。但是政府也間接因為賣出一些全世界最昂貴的地皮，而有很大收益。

　　為官之道，為上司用最少錢、最簡單的方法賺最多錢，是理所當然的，但是，這個是不是解決問題的長遠方遠呢？

　　以堪輿風水的角度去看這個問題，先要從香港歷史找答案。

　　很多人寫了不少文章稱讚香港風水好，人傑地靈。如果香港風水真的那麼好，為甚麼香港不在唐代，甚或漢代便「發跡」，而要到清末才「發跡」？

　　以風水而論，某地方的草木茂盛興旺，財蔭氣運也會增加。中國文化雖源於長江黃河流域，但由於幾千年來伐木建屋、生火煮食，北方之草木也已不及長江以南茂盛，氣運也漸漸由北轉南，近代中國領導人包括蔣介石、毛澤東、鄧小平、江澤民等都是南方人，南方氣運旺盛可見一斑。

　　香港開埠也是在這種大勢之下誕生。

中環填海

填海地有財無氣

香港風水的改變始於英國人在九龍半島填海，九龍半島的海岸線原本在稱為「大包米」的小山崗邊（即今日新世界中心北面），清代設有炮台。鴉片戰爭之初，英軍曾在此登陸失敗，故英軍戰勝後，便要清廷割讓九龍半島，軍事上作為港島的屏障。後來因為小山丘平地不夠用，開始了第一次填海工程，加上港島的填海，令中間的海港收窄。

海港收窄使水流壓力加大，水流更湍急，財運也因而加快，收窄海港間接使本港的發展加速。隨着中區一帶海面也不斷填海，本港經濟也不斷創高峰，似乎説明填海對經濟發展大有利益。

但是從陰陽的理論來看，某事物不會永遠有絕對的利益，過猶不及反而會有害處。填海地屬於濕淫之地，其土則為「客土」，

九龍半島的海岸線原本在今日天文台所在的「大包米」邊

有財而無氣，填海之地雖然利於工商業，可以大旺錢財，但是賺得的錢財卻也不會聚於該地，這樣的填海地往往會變成別人的「生財工具」。

例如，葵涌、荃灣、長沙灣一帶住於香港天市垣格局的市樓位置，也是本港生產及進出口中心，而葵涌更有全世界最大的貨櫃碼頭，可以說本港的財富直接間接都從此區而來。但是，在這些地區賺到大錢的老闆，都不是住在此區域。在風水上，這些地區只是作為他人的生產中心，而不能自享其成。

葵涌貨櫃碼頭就位於海港的填海之地

再填海僅有小利而有百害

以回歸前後的填海情況來看，已遜於理想情況。回歸前的填海區為中區交易廣場外機鐵站上蓋及會展中心新翼兩處，此兩處開工填海後，本港經歷 1995 年至 1996 年的經濟低潮，貧富懸殊差距也增大了。這兩處填海完成後，經濟開始回復，但貧富懸殊差距未見減少，這些都是填海的遺害。但回歸後的填海區繼續擴大，由中區到灣仔一線都在填海的範圍內，這勢必會使貧富差距也進一步擴大，增加社會的不穩定因素，對本港的發展不利。

這點在風水上有解釋。堪輿學上以「水為財」，如果家中或寫字樓見水而合吉向，便可生財生旺。現在海港兩岸有不少人可以窗外見水，因此，大家可共享本港發展的成果。

填海以後，水面積減少，填海區又建有高樓大廈，到時候只有少數人可以看到水面，景觀被阻的人收入減少，變成只有少數人可以分享香港發展的成果。

從堪輿學的角度看，再在海港填海對香港的風水只有小利而有百害，絕對不宜繼續。因為到時候本港賺的錢不一定會益港人，而落入他人之手！

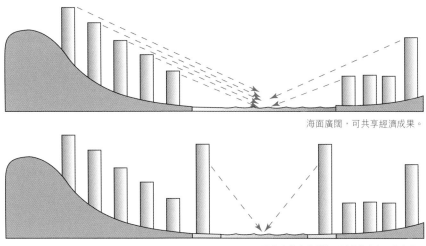

海面廣闊，可共享經濟成果。

只有少數人能看海，形成貧者多，富者少。

港督府風水故事

港督府是「五運」建築

　　風水講求「龍」，以龍首吉凶而定，香港風水好自然是港督府這首府風水好所引發。因此，要講述香港的風水，自然少不了港督府的風水故事。

　　第一座港督府建於十九世紀，當時是「三元九運」曆法中的下元八運（上一個循環）。如以「八運」的建築來「批示」今天香港的運氣，就大錯特錯了。今日的港督府（現稱香港禮賓府），是在第二次世界大戰時由日本軍政府設計，由台灣清水建設建築的，當時為「中元五運」之時（公元 1924 年 -1943 年），但日

建於十九世紀的
第一座港督府

建於二次大戰的
第二座港督府

本尚未能使用便已戰敗，所以今日的港督府是第二座府第，有點半東方半西方的設計，與美利樓那樣的殖民地風格有所不同。屋頂有一高塔，與台北總統府同為日式殖民地建築風格。

根據風水法則，此建築要以「中元五運」之「五運」樓來推算，如用八運樓來推算大戰後的香港運勢，在學理上完全不通，絕對是穿鑿附會。

港督府坐在北偏東四十五度，大門開面向西南，為坐艮向坤之局，但是它正面不是向正香港最高的扯旗山，扯旗山是在偏西之方向，而它背後是背向維多利亞港，但不少規劃師也不知道，在維港後宅是背向九龍哪個山巒呢？

在港督府遠看九龍各山巒，只有飛鵝山是一個正三角形的火形山，港督府正好坐於此山尖形成的同一線中。

港督府正背向飛鵝山山尖

坐空朝滿倒騎龍

一般人的風水概念是屋背向要有靠山,有如北京故宮紫禁城一樣,後面有個萬歲山,這才是風水及格。但港督府的大門開向西南山高的方向,向東北則是維多利亞港較低平的形勢,哪到底港督府是以西南還是以東北作向呢?

其實風水格局不必要向空曠而背向靠山,古代有不少城市的設計剛剛與此相反,例如唐朝的長安城(今日西安)格局便與北京相反,長安城正如中國所有皇都一樣,都是坐北門開向南。此有利文明之星。長安城之南是朱雀門,門開向正南幾公里外之終南山子午峽。城北是背靠渭水,渭水濁而色黃,在東北幾公里之涇水則清,兩水交流,「涇渭分明」這詞語即源於此。終南山是金庸小說中楊過與小龍女相親相愛的地方。

地勢上終南山高,渭水最低,所以唐長安是位於南高北低的地形,它是風水稱為「坐空朝滿」之局,玄空家稱為「倒騎龍」。唐朝也享國幾百年,所以風水格局有史可證,但因為世人一般誤信只有靠山向水的「正局」,所以在古書《都天寶照經》中有一句:「天下軍州總是空,何必撐着後頭龍」。宋代稱省市為軍州,

唐代的長安古都,就是典型的面出背水「倒騎龍」格局。

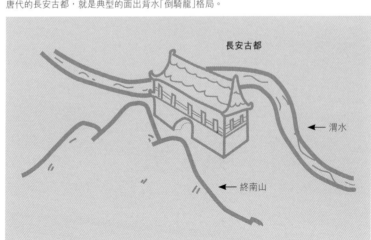

長安古都

← 渭水

← 終南山

因此此書疑為「五代十國至宋」之作品。「撐」字是廣東俗語「死雞撐飯蓋」的「撐」，北方語系已失其用，這是廣東話近唐宋語音的又一個例證。

香港在「六運」起飛

　　大部分香港的堪輿學家都認為，港督府是「坐東北向西南」，以門為向。事實正是如此。

　　港督府為甚麼不以扯旗山為正對之朱雀山呢？如果港督府風水格局佳，為甚麼香港開埠時只是一個殖民地港口，與當時東方大都會上海不可同日而語。香港在 1960 年代才開始經濟起飛，正是踏入武曲六運時（1964 年 -1983 年），這現象在風水上有沒有解釋呢？

　　上述問題，如果用「玄空飛星」解釋，是因為港督府在二次大戰期間重建，屬「五運」樓，「五運」艮坤向屋是「三般卦」、「上山下水」之局。本來「上山下水」是「損丁破財」，但因為它是個「倒騎龍」之局，有點像「負負得正」，因此香港可以發旺。

現存的港督府是二次大戰時，由日本軍政府設計、建造的，此為設計圖。

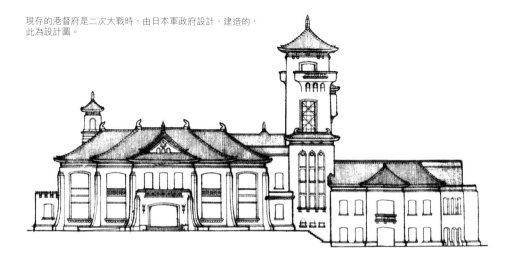

五運艮山坤向

7 1 四	3 6 九	5 ⑧ 二	向
6 9 三	8 2 五	1 4 七	
② 5 八	4 7 一	9 3 六	

山

五運艮坤向屋是「三般卦」、「上山下水」之局

　　至於為甚麼是「六運」發，中州派在看形勢上有所謂「排龍訣」，港督府「排龍」所得為「武曲星」在「穴」，「武曲」數為「六」，主下元六運，因此香港在「六運」經濟起飛。

　　但是由於此局背後是維港及再遠的飛鵝山山尖，因山尖三角形為廉貞火星，所以主歷屆港督都不能長任，一般不超過九年。

興建時未有考慮風水

　　港督府風水這麼好，那麼當年在設計建造時，到底有沒有引入風水的因素呢？1970 至 1980 年代，不少風水雜誌文章都說第一座港督府的設計風水格局奇佳，想當然是有高人指點才成。其實不然。

　　根據歷史，設計這座港督府是當時英軍的軍事測量師（Surveyor General）急庇利，香港島上環有一條急庇利街便以他為名。當時他是英軍的隨軍建築師、工程師，負責在英軍軍事行動中建橋開路建防護工事等工作，是個萬能泰斗。

　　當時急庇利選擇港督府中軸線向正飛鵝山山尖，是因為九龍群山只有它是個尖頂，測量定點較不容易出錯，這樣方便其他工

人測量施工，而它剛剛是北偏東四十五度，也增加施工的方便。

至於他有沒有請教過高人呢？這個可能性也十分低。因為他本人屬於「石匠派」基督徒（Masons）（「石匠派」又稱「共濟會」），看過《達文西密碼》（Da Vinci Code）的人可能對「石匠派」有些認識，他們是屬於基督教中的一個秘密教派，源於中世紀歐洲建造哥德式教堂的石匠師傅。在十九世紀中葉時，西歐人自視為在文化與軍事上較優越，「石匠派」都是忠實基督徒，怎可能相信那些被他們視為低等的哲學概念呢？

根據風水的概念，風水是一種源於天地的自然之理，所以風水又稱地理。如果某地方時運合濟，人傑地靈，他們不懂風水也可以創造一個合乎風水法則的格局，猶如一個健康的人不須要看西醫、中醫及巫醫。例如，美國首都華盛頓就是一個未有請教過高人而自合風水之大局的城市，所以能有今天美國之興盛。同樣道理，當時英國人建港督府應該也是沒有考慮過風水問題，歷史上的文獻也都沒有相關的記載。

日本人篤信風水，他們有沒有看風水則不得而知，但在兵荒馬亂的當時，他們在港督府內就安裝有一個「神道」教之「神木」。就算他們有看風水，但由於多行不善，所謂「積惡之家禍必至」，他們也沒有享受到風水的好處。

日本人當年埋下的「神木」

倒騎龍局要背海為空

葛量洪

根據歷史記載，在二次大戰前沒有證據表示港督曾經過找過人看風水。據說第一位看風水的港督是葛量洪，因為他是個中國通，懂中國文化，也是戰後非常受港人擁戴的一位港督。葛量洪之後的柏立基和戴麟趾，也有找人看風水。

戴麟趾當總督時，經歷了 1967 年暴動，這也是他任內最影響香港的事件。

因為 1967 年暴動期間，香港政府高層及一些知情的高級華商，曾經收到消息，說中國將收回香港主權，因此不少英商以及與政府有關的上一代大富豪紛紛低價出售香港中環及尖沙咀的地標地皮，今日不少香港億萬富豪都是在不知情下接手買入這些貴重地皮而發跡的。大形勢上香港出現了一次財富的更新及轉移，這也符合風水上六運（1964 年 -1983 年）至下元六十年的改變。

港督上任後找人看風水漸漸變成半官方的「定制」，至於這些信基督的港督是否真的相信，還是只當作一種入鄉隨俗的風俗，則無從稽考。

港督府的東北面向海，大門向山向西南，風水上稱為坐艮向坤的「倒騎龍」局，但此局之成功是要背海為「空」。

隨着香港經濟發展，地價日漸高漲，土地有限而有價，殖民地政府對於香港的城市規劃也採取一套與英國祖家完全不同的方法。它基本上是重量不重質，放棄了一些基本的城市規劃原則，例如有城市中軸線、大綠化帶、觀景走廊、通風走廊及禁止高樓可能阻擋重要地標景觀等要求，而是在這租借來的土地上，儘量開發土地建屋，爭取最大的金錢回報。

海景被遮凶煞效應出現

這種用會計標準而發展的方式，結果慢慢地也影響到港督府，在風水理論上，間接影響了英國人的絕對權力管治。

從港督府遠望，早期中環雪廠街以東到金鐘軍器廠街一帶的建築都比較矮，可以看到維港的水面。但從 1970 年代起，政府開始開發金鐘，中環一帶的商廈也進行重建，港島地鐵也在 1980 年代動工。高樓大廈漸漸把港督府向維港的景觀遮擋了。

從風水的角度來看，英國人得香港，是用海軍武力打勝清朝而來的，殖民地與祖家英國也是以海連接。港督府見維港的水面漸失，英國對香港的影響及管治權力自然便相對減少了。

從學理的角度分析，港督府是個「倒騎龍」「上山下水」之局，面向山而「上山」，背向水而「下水」，負負得正，但當維港方向有高樓時，變成「下水」不見水反見山，故凶煞的效應出現。

1982 年中英回歸問題出現，香港股匯一度大跌，人心惶惶。當時港督府東北面大部分景觀已被擋，只餘下雪廠街附近一小片可以看到維港海面。

尤德改裝修雪上加霜

尤德繼麥理浩為港督，他因個人喜好而對港督府作了一系列改動。

第一，他在港督府大廳旁建了一個長方形水池。

第二，他在港督府向東北面花園的樓梯，建造了一個意大利式流水，水從港府向外，由高處沿梯而流下。

此外，因為他本人習慣在北京

尤德

港督府花園的樓梯未建流水前

港督府花園的樓梯建造了一個意大利式流水

領使館行路上班,不願意每天坐兩分鐘的專車到下亞厘畢道政府合署,因此他打算把港督府後花園通往下亞厘畢道的小石級門重開,方便他行路上班。

這小石級也有點風水來頭,它在第一代港督府時已存在,目的是有一個後門小路通往下亞厘畢道。但由於它正對港督府,在風水上是洩了整個格局之氣,所以香港在二次大戰前未能有所發展。到了大戰期間,由於要興建防空洞及隧道,因此便把此小路切斷了。港府風水反而不會外洩,加上日本人的重建配合「五運三般卦」,所以才有戰後的一番氣象。

尤德這幾個裝修方案都是不利風水的。首先這方形反光水池(reflecting pool)太近建築,視為「割腳」,水池長方形像個棺材,有「水中作塚」之兆。

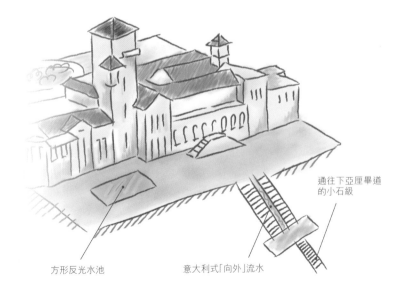

尤德裝修示意圖　　　方形反光水池　　　意大利式「向外」流水

通往下亞厘畢道
的小石級

其二，意大利式「向外」流水，有洩氣之象。

其三，開啟小石級要動工，正動了 1986 年的太歲方位，所謂「太歲頭上動土」。

當時，港府又批准在皇后大道中花園道口原美利大樓的舊址給中國銀行建新樓，中行找到建築大師貝聿銘設計新中銀大廈。貝氏稱其意念象徵竹枝節節上升，但因是金屬所造，在風水形態上更似一把金刀。新中銀大廈在 1986 年正式動工，第一步先是開挖了一個三層高的土坑作地基及地庫。

新中銀大廈位於港督府的寅方，中銀在地庫施工挖土，雖遠也增加「太歲動土」之力。飛星合得「二五」。書云：「二五交加必損主」，主為港督，故尤德在 1986 年 12 月 4 日在北京大使館死於心臟病，應驗了「水中作塚」，路上埋屍。成為香港歷史上唯一死於任內的港督。

1986丙寅年紫白飛星

4	9	②
3	5	7
⑧	1	6

1986年，「九宮飛星圖」是「五黃星入中」，二黑病符在西南方，1986年是丙寅年，「太歲在寅」，即在東北方。

大門朝西南方向(2)

中銀在東北流年太歲方向(8)

南

衛奕信無法化解中銀煞氣

尤德之後由衛奕信接任，衛奕信太太篤信風水，此時中銀大廈已建成形，而當時沒有阻擋雪廠街一線天海景的皇后大道中 9 號已申請重建而獲批准。衛奕信太太曾經詳細詢問過新發展的情況，但是她雖貴為港督夫人，也無力阻擋這一發展。當時衛奕信太太請的風水大師曾建議在向中銀方向種植三棵柳樹，以「三木」來擋中銀這「金刀」形之煞。

衛奕信

其實三棵柳樹有如三枝牙籤，根本未能抵擋「大關刀」的中銀大廈，所以後來曾蔭權的顧問改用金魚池化煞，就遠比此法為佳。

當皇后大道中 9 號建成後，遮擋了港督府的唯一海景，金刀之煞遂發生力量。

中銀在港督府的寅方，艮卦。艮卦之象包括在地理上象徵山及山徑，在身體為骨、背，動物則為狗，也象徵停止。

衛奕信在任內曾在行山運動時傷了足，應了艮卦骨及山徑之兆。他也在 1992 年時突然被免職，是應了突然停止之兆。

皇后大道中 9 號建成後，港督府最後能看到海景的位置也被遮擋住了。

東北面的中銀大廈，正像一把利刀，劈向港督府。

彭定康屢受惡煞影響

彭定康

衛奕信之後是彭定康接任港督，他入住港督府後也多次受此惡煞影響而懵然不知。

在他入住港督府後三天，他的女兒入醫院割盲腸，他在任內曾入醫院做心臟病手術。他也曾經弄傷了大腿，骨肉有損。此外他的愛犬威士卡因為咬傷了人而要入囚幾天。骨肉之傷、狗受囚等都是艮卦受剋之應。

彭定康找人看風水，這是例行公事，但他信不信則不得而知。他在 1997 年回英國後還大讚住在港督府的歲月，可見他不知壞風水對他的影響。

客土無氣，政府無力

　　2011 年 9 月新一屆立法會開會，各尊貴的議員告別了已使用多年的中環立法會大樓，搬遷入金鐘新建成的大樓開會。而特首與他領導的政府行政班子也遷入新的政府大樓。不過，自新政府總部啟用以來，香港的社會政治上是非口舌不斷。

　　新立法會大樓、特首辦公室及政府大樓位於中環金鐘的新填海地上，這個地點原來是英國海軍添馬艦基地的船塢，1997 年交還後填海得來。風水學上稱這是由外來土填成之地，古人稱為客土，所謂客土是指無氣。客土一般帶濕和陰氣，金鐘這片地填海而來，更屬於濕淫之地。客土一般有利於工商業，較不利住宅的發展，住宅容易出現一家人各有各忙，聚少離多的現象，一宅之中又利陰人，較利女而不利男。如果用作政府中心，有如古代的衙門，則嫌無氣，政府的政令無力，民眾較難歸心。

新政府總部的選址原為填海地，客土無氣。

門常開弄巧反拙

　　整座政府中心的三個部分，政府大樓是一幢大型倒轉 U 字形的高樓，中間的空框就是所謂「門常開」的大門。筆者早已提出，一幢大樓這些空間，古人視之為一個空洞而不是門，因為門是可以有實物關閉起來的，現在政府大樓的形態，風水的呼形喝象只可以稱為洞，形狀上像中國古代的牌樓，屬陰形，這些有洞的建築，如果方位、地點不對，再配合時間等因素，容易對這個城市產生不良的效果。

　　香港政府大樓這個洞與他例不同，此洞雖然無門，但在洞後是金鐘一帶的商業大樓，再後是港島的半山，所以此洞並非全空，有後背部分填實。現在大樓的開門和高官辦公室分配等資料不太詳細，但整體大方向是坐未向丑，但由於大樓高層樓上是長方形大面積的辦公室，則為辰山戌向為主，山向不吉。加上上層的底下正是這門洞常開的空間，風水上是不吉之象，所以整體辦公室是低層吉，高層凶。

「門常開」並非門而是洞，風水上不吉。

新政府總部的辦公
室低層吉,高層凶。

　　此外,在下層的兩種辦公室之中,靠近中間洞常開的房間,
因為液體動力學的簡單原理,窗前面對的風流速較快,這不是風
生水起(風生水起不是颱風海嘯嗎?),是違反了風水要求藏風
聚水的原則,藏風就是要求某地的風要小。因此,靠近在洞常開
中間的辦公室較為不吉,麻煩較多。遠離此風洞較吉,而近金鐘
之方向較吉。

圓形議事堂議而不決

　　低層的立法會大樓位置的後方,便是政府行政大樓的高樓,
高低比例不對稱,形狀像一對有形大手壓在立法會大樓及特首辦
的頭上,風水的呼形喝像可稱為「惡奴欺主」。立法會議事堂是
圓形的設計,圓形象徵團團轉,政府法案容易出現議而不決的現
象。而議堂內女性議員會增多,利女不利男。

　　立法會大樓的方向為坐申向寅，東北是虛，西南是政府大樓，八運建築是「上山下水」、「損丁破財」，但屬「三般卦」之局，整體需要室內格局安排得宜，否則容易有損人折丁的麻煩。

　　至於特首辦及政府大樓，則採用丑向未山之局，與立法會大樓有偏移，所以將來與立法會的意見會有較多分歧。八運未山丑向本來是一個旺丁旺財之局，但是特首辦之北為抗議區，故特首反而是用未西南方入屋，是個「倒騎龍」之局，丑山未向反而不太好。

　　而丑未屬「地元龍」，是天地人三龍中最弱的孤龍，所以政府將來施政，容易陷入孤軍作戰之局。丑未向在客土填土之上，政府的權力大減，威信不足，這是未來特首辦的麻煩。

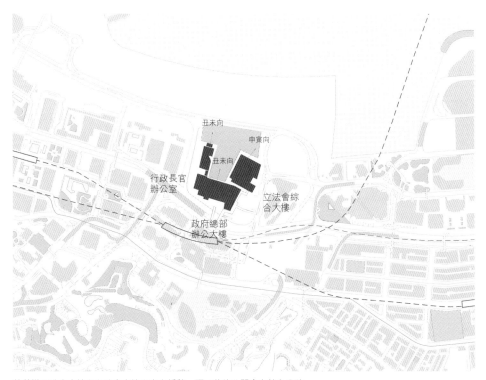

特首辦及政府大樓與立法會大樓坐向有偏移，預示着彼此間會有較多分歧。

政府行政大樓好像壹在立法會大樓及特首辦頭上，
代表「惡奴欺主」。

圓形象徵團團轉，立法會議事堂上，容易出現議而不決的現象。

振氣勢，應放單數旗幟

整體而言，此局內政府身處客土，為客左右，權威比政府山時代更低，便要採取一些措施，來解決問題。

例如，特首不能在政府大樓高層辦公，在低層又有被奴僕壓制的氣勢，如果在新公園加一些旗幟之類，可以有助特首挽回氣勢。古代來說，旗幟是皇權的象徵，所以古時只有皇帝才有旗幟。

不過，現時這裏每邊有兩面旗幟，這樣的安排是不恰當的。古時旗幟一定是單數的，只有儀仗的旗幟才是雙數。既然不是出巡，應該要單數的旗幟，應該每邊加一面旗幟就行了。

另外，在整體的風水格局來說，立法會也應該將室內的議事廳改變為非圓形的形狀，例如可以改為半圓形或扇形設計，則可改善拖拖拉拉、原地踏步的局面。

政府總部門前掛旗有誤

陰陽不平衡，有利女性

雖然下一屆特首未必是女性，但 2017 年後此局有利女性，而政府高層更利女高官。

要改善此局，宜在門常開的中間建一座特大陽形的雕塑，以平衡陰陽失調之害。舊政府山的東翼要保留，作為第二辦公室，加強特首的氣勢，以補現址的不足。因為香港的整體風水有如一條龍，特首辦是龍之首，其吉凶直接影響一般市民，所以才有此一議。

香港的核心
——港島

中區龍脈關乎全局

中區龍脈結穴於港督府

香港最高的大帽山為全港山脈的祖山，大帽山山脈向東發展，其中一條由大窩坪一帶輾轉至大角咀，然後潛水渡過維多利亞港到達港島之西營盤。這從香港海港海床的地理分佈上看到一些「來龍去脈」。維多利亞港內從大角咀至西營盤一帶的海床是要比附近的淺，就好像一條海底山脈潛水渡海，此外在旺角對面的昂船洲，原為一個島，在風水學上形成一個「護砂」保衛該龍脈，更顯出其貴重。

該龍脈從西營盤登陸後，在太平山頂盤結成香港島上最高的太平山，成為全島的主峰，也是中區一帶的祖山。

中區的龍脈，由太平山開始降至現在山頂纜車站一帶再轉行落至舊山頂道附近，然後直落到動植物公園中之銅像及噴水池處，最後「結穴」於港督府處。

港督府正坐於中區這條龍脈之正中，這一點可從港督府的地形上看出一點端倪，以後背的上亞厘畢道為靠山，則左右兩邊花園道及鐵崗（己連拿利）都比較低陷，港督府正處於一片凸出的地帶，在風水上正是龍穴盤結之地。

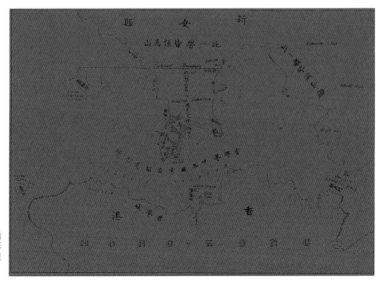

旺角對面的昂船洲，在風水學上形成一個「護砂」，保衛潛水渡海的龍脈。

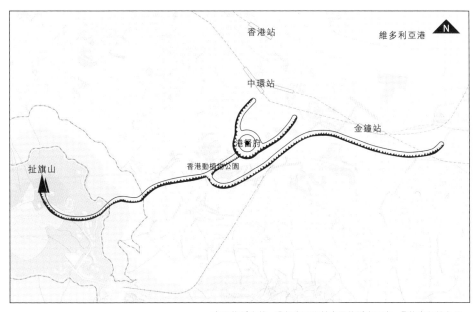

維多利亞港
香港站
中環站
金鐘站
港督府
香港動植物公園
扯旗山
N

中區龍脈走勢。港督府正坐於中區龍脈之正中，是龍穴盤結之地。

脈分兩支各興旺

從港督府開始，這條龍脈便分為兩支，成為本港最重要的風水地區。港督府以向海為向頭，左邊「青龍」脈位於現在主教府及雲咸街一帶，再下便到中區的雪廠街及畢打街一帶，也正是中區商業的黃金地帶。

至於港督府右邊「白虎」脈則由下亞厘畢道沿花園道一帶，轉至聖約翰大教堂，再下行至新中銀大廈，最後到達金鐘一帶。

至於港督府的前方，即由港督府直落政府合署，再轉落拱北行，以及現在的滙豐銀行處，以皇后像廣場為「明堂」，作為「引水」之處。

在風水學上常常說：人傑地靈。由於天時及地利的因素，往往不懂風水的人也會做出一些合乎風水的事情及建築設計出來。當英國人最初殖民香港時，他們不會懂風水問題，但在不自覺間他們的城市規劃正合堪輿學理。

「龍、砂、水、穴」合法則

堪輿學上，如某地稱為「龍穴」，「龍穴」左面的高山或建築物稱為「青龍」砂，「龍穴」的右面高山或建築物稱為「白虎」砂，至於後面及前面，分別稱為玄武及朱雀。這就是：「左青龍、右白虎、前朱雀、後玄武」，這一句也就是我們常常聽到的風水術語的來由。

除了一些特別的例子外，一般的堪輿法則是要玄武高、朱雀低平開朗，青龍昂首高，但白虎低伏。因為青龍屬木，青龍方高則代表生長，進福進財；白虎屬金，代表口舌、是非、金屬、金錢、官禍刑法等事，故一般宜低伏；玄武為「靠山」，故此宜高；「朱雀」要低，要有開朗明堂，則可進財。

當年港督府的設計正好符合這些設計原則。首先，港督府的向海前方分別有大主教府在左及聖約翰教堂在右，正代表天主教及基督教這兩大西方教派，正迎合中國傳統建築中「左祖右社」（左前方祖廟，右前方社稷）的風水設計。

至於左邊青龍砂正好為中區畢打街一帶，也是中區商業中心，是香港的經濟來源，正符合青龍進財之意。龍本宜高昂，因此香港的經濟起飛，是自從 1960 年代初期在中區建成一些摩天大廈後開始的。

金鐘一帶　　　　　　　　　中區畢打街

　　港府右邊的白虎砂在新中銀大廈及金鐘一帶，正是開埠初年金鐘兵房及海軍總部，符合白虎帶官非刑律的性質。這個性質在之後的歷史上也充份表現出來。現在的新中銀大廈原址為美利樓，在日治時期是日軍憲兵部用來拷問行刑的總部，戰後更用作稅務局的辦公室（代表金錢刑律）。

　　滙豐銀行在風水上屬於港督府的前案，未能成為行政中心，因此當日本人攻佔香港後把它改為港督府時，也只有三年零八個月的統治。

　　至於整個格局中所起的變化，以 1970 年代末年滙豐銀行改建及金鐘兵房一帶發展影響最大，因為在 1960 年代，從港督花園看，只有左邊中區建有高樓，右邊非常空曠，正合青龍昂首白虎低伏的格局，當時港督的權威是至高無上的。

　　但 1970 年代末，金鐘一帶建起高樓後，白虎山高揚，港督的威信，也因為九七回歸問題而一落千丈，變成是非多多的跛腳鴨政府。

金鐘一帶

滙豐銀行牽動金融命脈

中區龍脈白虎位結穴

中區之龍脈風水，以香港港督府為政治中心，此處龍脈結聚後又分為兩支向下發展，其中的右脈最後結穴於當年港島海濱的滙豐銀行大廈。滙豐由于是在右邊白虎位結穴，所以只可以執金融界的牛耳，1997年前雖無中央銀行之名，但有中央銀行之實，1997年後遷冊英國，但因為還是香港三家發鈔銀行之一，在恒生指數中佔的比例很大，所以對香港金融界還是舉足輕重。

滙豐銀行之最初佈局由當時的英國殖民地政府決定，當時是沒有考慮過「風水」這種中國人之「迷信」學問。但堪輿學上有一個最重要的理論叫做「地傑人靈」，簡單來說，如果某地方的時間空間及人物配合，一個不懂風水的人也會「自然」地設計出符合風水法則的建築設計來。因為這是一種「自然」的傾向，一個「行運」的人不論國籍，都會作出合風水之設計，否則所有外國人便會因不懂風水而沒好日子過了。

滙豐銀行總行舊貌

滙豐銀行就是在這種情況下設計出來的。滙豐銀行現在中環總部，原址是香港政府的大會堂，滙豐買入後把向海的一片地辟為廣場，也就是今日的皇后像廣場。當年在遮打道的正中央，樹立了一座維多利亞女皇的銅像，後來這銅像在改造時被放到港督府後的動植物公園，因為她是當時英國軍兵的「精神領袖」，所以當時人稱她為「兵頭」，動植物公園以前俗稱兵頭花園，就是以此銅像為名。

因為左右都有建築，所以皇后像廣場形成一條長形的條狀帶。當中環再一次填海時，政府更把當時在畢打街口的天星碼頭遷到新填海區之外，正對滙豐，而干諾道中與天星碼頭之間便建成現在兩層的公共停車場。

整體佈局合乎風水格局

滙豐銀行的前面有皇后像廣場這「明堂」水，對外有停車場及天星碼頭作「案頭」，最外的「朱雀」山和獅子山雖然帶煞，但有門前的一隻獅子化解，它後面的「玄武」方是拱北行及政府合署的小山，即後方有香港政府作為靠山。左右的護衛也合乎格局。在風水上左「青龍」一般宜高，而右「白虎」宜低。滙豐左邊是太子行及文華酒店，「青龍」屬「木」，宜作生意交易進財，正符合這些大廈的性質。文華酒店現在雖然比很多新酒店在設計空間及環境上落後，但它還是年年進入世界十大酒店之列，更是「文華」系酒店之首，正是因為它合乎這個「青龍」局所致。

滙豐銀行右邊為舊高等法院及後來的行政立法兩局辦事處。不論是舊法院或兩局辦事處，都屬於與法律有關的事，正合乎「白虎」屬「金」管刑法之意義。

滙豐銀行總行新貌

從滙豐銀行的角度來看，舊高院這右方的建築比文華及太子行低，正符合左青龍右白虎的格局。而且在 1960 年代以前，滙豐右邊比較高的建築物只有富麗華酒店、壽德隆大廈及大會堂，都是離滙豐銀行比較遠，正合白虎低伏之格局。因此滙豐自開埠以來便執本港經濟之牛耳，在同時期比滙豐更有實力的渣打也不能相提並論。

正是因為滙豐是本港的經濟金融中心龍脈所在，所以當日本人攻佔香港時把它作為督憲府，正好擺錯地點，因為經濟中心並不等於政治中心。所以日本人統治香港三年零八個月便完蛋了。

滙豐銀行前後左右的格局

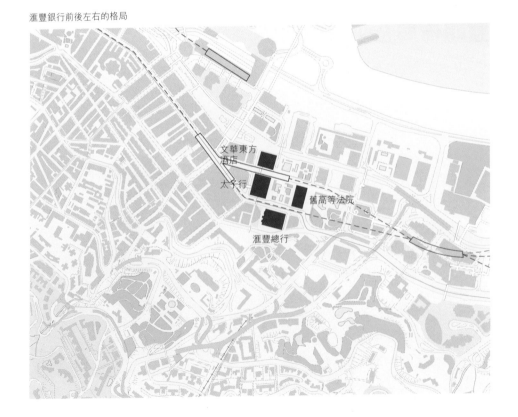

大笨象吸水

我們熟識的舊滙豐大廈是第二代的滙豐銀行建築，它正好像一個中國的印台，上尖下闊，正符合其「印」銀紙的形象。這一點也是風水「自然」的配合。

舊滙豐建築的設計，據說考慮過風水法則的，因此它在皇后大道中之入口不是直通往德輔道，而要先下一層樓，正好符合只見來人，不見去水的意思。所以當時滙豐是一個保守的銀行形象。

在 1960 至 1970 年代，有風水師便用「呼形喝象」的方法來取象，因為舊滙豐大廈上小下闊，而又左右對稱，像一個大象頭；加上長長的皇后像廣場及前面的低層停車場，則又似大象長長的鼻子伸向維港，而外面的兩幢天星碼頭，則變成了大象的鼻孔，天星碼頭每日輪船泊岸，就像鼻孔呼吸時的呼氣噴氣。

舊滙豐銀行大廈像一頭大象

　　到了 1980 年代初，滙豐重建成現代盔甲武士一樣，形象變成一個「空心老倌」，在佳寧等事件中都吃了虧。但它又是一個「高科技」產品，所以現代的滙豐已變成一部包羅萬有的借貸機械了！

　　由於滙豐的正門電梯是向正北方的，在風水上還有所補救，所以整體風水也不太差。更因為采用了海水降溫的空調系統，真有兩條大水管從滙豐的地底通過廣場到碼頭旁邊，吸水降溫，變成名副其實的「大笨象用象鼻吸水」之局。而滙豐銀行也因為吸到真正的海水，所以在 1997 年回歸前，從一間香港本土為主的銀行，遷冊到倫敦，再加上收購而變身為一間國際大銀行。

新滙豐銀行大廈有兩條大水管吸海水降溫

五黃煞在北的填海工程

滙豐銀行買美國資產，是早在多年前已決定，但是在 2007 年初發出第一次盈利警告時，剛好是在香港政府為了再次填海，而拆卸天星碼頭期間！

從科學的角度，這兩者是沒有甚麼邏輯關係的，因為導致盈警的投資，往往是幾年前做的決定。但是術數的現象往往這麼巧合，這就是古人所說的兆象、兆頭。

滙豐股價由 150 多元的頂峰跌至最低的 30 多元，恰好是在中環填海工程大動土的那段時間。2009 年時，五黃煞在北，填海的位置正在滙豐的北面，滙豐的股票免不了要受此影響而大跌了。

有人會懷疑，滙豐已遷冊總部到倫敦，它的風水是否以「金絲雀總部」為主呢？滙豐的確以倫敦總部為主，但是因為它的發跡是在香港（上海雖然是發跡地，但是已廢棄不用，所以只以香港為其發跡地），香港就有如一個家族的「宗祠」。宗祠有事，總部也勢必會受影響。

前中環天星碼頭

滙豐銀行門口的銅獅

皇后像廣場舉足輕重

明堂得聚水為貴

對於皇后像廣場來說，除了它四周建築的風水值得重視外，其本身的風水對香港整體經濟及政治更有舉足輕重的影響。一個小小的廣場，為甚麼能對全港的經濟有影響呢？

從風水的角度看，某地方的風水吉凶在於其主要龍脈結穴處的風水影響。例如現時全中國的風水是受了全國政治中心——北京的地運影響，在清朝以前是受北京紫禁城風水的影響，在現在則以中南海一帶為依歸。

以香港來看，香港島的主要龍脈是從扯旗山頂經動植物公園至港督府，再至滙豐銀行。皇后像廣場正位於該龍脈之下段，堪輿上屬於該脈之「內明堂」，以聚水之地為貴。風水上「水」為財，

皇后像廣場中有噴水池及流水池，從而名堂得聚水，是香港經濟發達的主要原因。

故此該地的風水對於香港的經濟便有重大的影響。

　　從歷史上來看，香港從開埠之初以轉口業為主的小商港，轉變成為今天國際知名的大都會，成為人人稱道的亞洲四小龍之一，主要都是由 1960 年代工業起飛而造成的。

　　現在的皇后像廣場，在 1960 年代初還是一個平坦的停車場，一點「水」也沒有的旱地，但在 1966 年廣場建成後，廣場中有多片噴水池及流水池，因此明堂得聚水，從風水的角度看，是使得香港經濟發達的主要原因。

皇后像廣場及背後的建築

皇后像廣場

明堂附近動土影響經濟

從另一個角度來看，因為皇后像廣場是香港主脈的明堂，如果明堂附近有「動土工程」進行，有傷龍脈，是會對本港的經濟有不良影響的。我們不妨從歷史中引證一下：

皇后像廣場附近的建築物中，大會堂是戰後最早興建的。大會堂於 1960 年開工，在建築期內本港便於 1961 年發生首次金融風暴——廖創興銀行擠提事件。

1962、1963 年，新文華酒店動工，同時期大量中國內地居民湧入香港，短期內給香港經濟增加了不少負擔。

1965 年，皇后像廣場本身開始動工，同年 2 月廣東信託銀行發生擠提，並且倒閉，四月更發生恒生銀行擠提事件，為當時全港經濟蒙上很大的陰影。

1972 年中，置地公司開始計劃興建當時全亞洲最高的康樂大廈。本來地點比較遠離廣場，對廣場風水應沒有影響，但因為康樂大廈樓高五十層，在廣場中可以清楚看到，於是其吉凶自然與廣場有關。

1973 年，當年流行之五黃煞正好飛到北方，康樂大廈建築工程方正對廣場，同年 3 月，香港股市大幅下瀉，引起全港震動。

到 1983、1984 年，滙豐銀行開始重建，地下鐵路也在皇后像廣場正中的遮打道動工，香港再次因為九七回歸的問題而出現經濟困難。當時的高等法院也出現了地基不穩的麻煩。法院代表法治權力，地基不穩也代表港英政府對香港的管治權出現問題。

直至 1984 年末，滙豐銀行改建工程完成，港島地鐵順利通車，香港的經濟也因為中英聯合聲明而穩定下來，繼而向上發展。

1987 年 10 月的股票下瀉，正與同時期廣場正面停車場的改建有關，但因該次改建規模比較小，因此股票市場很快便回復正常。

從上述史實來看，舉凡皇后像廣場附近有工程動工，便會對香港經濟帶來不良影響。這些符合風水原理的歷史，不會全都是純屬巧合吧。

舊高等法院的佈局

　　緊鄰皇后像廣場的舊高等法院，也有風水方面的一些巧合。

　　舊高等法院的正面兩門分開「乾巽」向，合乎「天羅地網」之格局；屋頂圓頂前後有兩「金字頂」，正合「原告」和「被告」對峙之局，因此它成為高等法院，一向權力集中，司法獨立而公正嚴明。但當高等法院遷往原來金鐘兵營的新大廈後，便出現了錯審「佳寧」案這些大笑話，也是開埠以來少見。

　　至於行政立法兩局，1984 年前辦事處在太古大廈，但開會地點則在政府合署東翼，該處離開中環人群比較遠，當時兩局都主要是官委議員，立法局的法案，變成「一家言」的決定。1984、1985 年兩局遷入舊高院大廈後，地點較近中環之商業區人群，兩局也開始有些民主化，民選議員開始進入兩局，但由於局外之小廣場設計成灰色與黑色的格子，如果從高空俯望，兩面金字頂加上「格子」廣場，正好似一個棋局，形成議員與政府官員的「博弈」和「對峙」。

俯瞰舊高等法院

新舊中國銀行的風水

總部風水關係全局

在堪輿學研究中，一個大的集團組織，不管它是一間跨國公司，還是一個本地有多家分店的酒樓集團，其總體的風水吉凶，都是以其總部之風水好壞為主。如果是一家分店，它的風水好，生意自然好，但是如果其總部風水壞，則分店生意好也未必可以「以子救母」。

幾年前香港有一家日資百貨公司，由於其位置是在港島購物消費中心區，加上地理佈局的風水也好，所以年年賺錢，為母公司貢獻不少。但是由於日本整體風水出問題，經濟低迷，母公司的風水也有毛病，財政發生困難，結果日本總公司把香港分公司這隻會生金蛋的雞賣給了香港的財團。

香港是個金融中心，銀行林立，其中，中資銀行以及由中國人管理的銀行中，以中國銀行、恒生銀行及東亞銀行的生意最大。中國銀行由於其官方背景，更是三家發鈔銀行之一，所有行長都是中方委任的打工皇帝，理論上是不會倒閉的，也談不上風水的

會生金蛋的雞──崇光百貨

吉凶吧！但是在歷史上的兩座中國銀行大廈，都有風水的影子在其中。

　　第一座中國銀行位於皇后大道中街口，正對金鐘道，是十多層的上海現代式的古老大樓。它是建於二次大戰之前，當年由上海的建築師設計，所以與舊滙豐總部一樣，有很重的上海灘1920 至 1930 年代的風格，當年與滙豐、渣打一起，成為香港最高的建築。

舊中國銀行大廈

舊中銀門前的石獅子

今日坊間有不少人心，包括風水師，喜歡在住家及商店酒樓門前放一對石獅子，以為可以守門及擋煞。但這不一定是正確的做法，有可能不招福，反而惹禍。

古人的石獅只配與有皇家關係的住家及政府衙門。清代規定，官員要是親王、貝勒、貝子或一品大員才可以門前立石獅。北京人也怕在天子腳下容易被人「指背」，所以北京王府等的石獅是非常小，只有離開北京，山高皇帝遠，獅子才越來越大。

今日社會上已沒有封建貴族，但門前放石獅在風水上代表有王氣，如果閣下是政府官員，或者有太平紳士的名銜，放獅子則無妨，甚至可以加官進爵；但如果閣下是一介草民，不管是否家財萬貫，如果是做飲食、卡拉 OK 等半偏門的行業，亂放獅子反而可能招惹官非刑禍。當年張子強的家門口放了一對人面獅身像，其下場如何，便是一個好例證。

舊中銀大廈正門

「泗水歸田」舊中銀

舊中銀大廈坐南向北，坐丁向癸，與滙豐銀行同一坐向，彼此只相隔一條銀行街而坐。正門開北，門口有一對中國式石獅子，這正配合它的官方背景。

在銀行正東，正對金鐘道，道路剛好正沖，金鐘道到舊中銀大廈東面，才轉偏西南入皇后大道中，轉西北則入遮打道。

在其東南癸方，花園道由山上直沖而下，到今日長江大廈（前為希爾頓酒店）前轉成一個勾形，形成一個沖煞之狀。

這四條路都在中銀東南面匯合，是一個「泗水歸田」之局。當年一定有高人指點，所以在舊中銀東面放了一對貔貅，食正此「泗水」局。

中銀雖有官方背景，但它也是一間銀行，所以有此局可保其錢財不絕，癸宮為文昌位，也使它有一定的名譽地位。

舊中銀大廈是一個「泗水歸田」之局，可保錢財不絕及名譽地位。

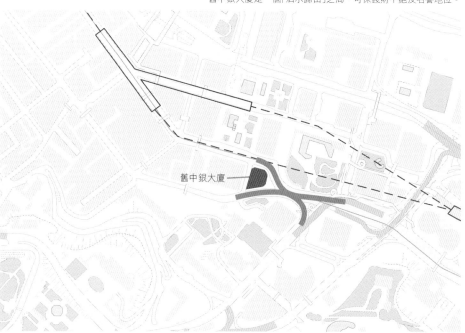

舊中銀大廈

貔貅與辟邪之別

舊中銀大廈東面放了一對貔貅

古代的商人地位低微，士農工商，商人排名最後。如果要在商舖前招財擋煞，商人會在門前放一對貔貅。貔貅古代又名天祿，相傳是一種沒有屁眼的動物，變成吃東西有入無出，正正符合商人錢要賺盡的要求。

貔貅的形象，與另一種在古墓前所見的神獸——辟邪非常相似，只是天祿是獨角，而辟邪有雙角。

今日到外地旅遊，往往會被帶到一些貔貅專門店去買紀念品。若是買些貴價紀念工藝品還無妨，也可取個意頭；但若要買古董，先要搞清楚，買的是天祿還是辟邪，否則不但無益，反而可能招禍。

新中銀大廈

新中銀大廈的風水差

新中銀大廈位於舊中銀大廈東南，在花園道口側的美利樓原址。美利樓這座磚石殖民地建築搬到赤柱後，這地段由香港政府在回歸前特批給中國銀行。

中國銀行也找來世界著名華裔建築師貝聿銘設計，他設計成一幢低層為四方形，隨着樓層升高後，以三角形遞減，形成最高層平面為三角形的獨特建築。據建築師解釋，他的靈感來自中國的竹子，像竹子一樣「節節上升」。

但這個設計，在香港風水界以至國際媒體都有不少意見，以其三角形在風水上為大凶，

也對香港不好。貝大師也因為這些問題，而在電視訪問中為自己答辯。

到底新中銀的風水好不好呢？如果不好，中銀的股票是否會出甚麼問題呢？

大廈是坐子向午，下層服務大堂是四方形的平面，所以它本身在業務上是正常的，沒問題的。但是它的最高層，也是其高層人員的辦公室，就是一個大三角形。加上隔鄰的滙豐銀行為了對抗風水而加上兩把像手槍的洗窗吊機，正對這三角樓層，所以犯了大煞。

新中銀是否好風水，也不管貝大師的辯答，事實可以證明。中銀開幕時有七個「大班」（CEO），現在起碼有五個已在內地被「雙規」。風水好不好，自有公論。

隔鄰的滙豐銀行為了對抗風水，而加上兩把像手槍的洗窗吊機，正對新中銀大廈的三角樓層。

金鐘看三角形建築

中信泰富風暴的源頭

在金融海嘯影響下，香港的紅籌公司中信泰富因為買入一些澳元的 accumulator 票據，而虧損了一百五十多億，更要遭政府調查有沒有涉及商業罪案的問題，最後不僅股價大跌，連擔任主席多年的前中國國家副主席的公子也要引咎辭職。

從風水的角度，這次中信泰富的問題是與香港地運有關的，因為中信泰富的總部位於港島金鐘的海旁，在它旁邊，香港政府因為建造總部正在動土。

風水是一種四度空間的學問，因為它除了三維空間之外，它還有一個時間的因素可以加在這個方程式裏，使它會隨着時間而不斷發生變化，這才是配合時空的道理。這個時間因素包含於中國古代的曆法之中。隨便打開一本《通勝》，它的第二頁就有一張九宮八卦圖，這個圖中間的一白、二黑、三碧、四綠、五黃、

九星代表的現象

九星	卦	六親	吉	凶
一白	坎	中男	文章、科名、聰明	飄蕩、剋妻、傷目
二黑	坤	母親	地產、人丁、開心	病符、寡婦、產厄
三碧	震	長男	財祿、開創、功名	官訟、刑具、哮喘
四綠	巽	長女	文昌、秀女、文人	好色、自縊、婢妾
五黃	無	無	生剋皆凶、宜靜不宜動	損人口、多災病
六白	乾	父親	發富、權威、武職	盜賊、剋妻、官訟
七赤	兌	少女	武貴、發財、旺丁	盜賊、牢災、火災
八白	艮	少男	田產、孝子、長壽	瘟疫、損疾、糖尿
九紫	離	中女	科甲、顯貴、文明	火災、目疾、官非

六白、七赤、八白、九紫這九顆星會隨着年份
依洛書盤的方位流轉,這九顆星也會隨着三元
九運曆中的曆運吉凶而變化。例如七赤星在七
運時(1984 年至 2003 年)是旺星,所到之處
都是吉利,但是到了八運(2004 年至 2023 年)
它是一顆退氣星且不吉利。

　　在八運中,最凶的主要是二黑病符星、三
碧蚩尤星及五黃煞星,其中三碧主爭鬥,二黑
主災病。此外,六白雖然是吉星,但是配合不
宜,則變成官非刑忌。

　　2008 年,二黑到西北方,三碧到西,六白
到北。中信泰富總部的門口向北,西面正是政
府總部動土的大地盤。在風水上,工程動土以
挖地為最大煞,三碧蚩尤有掠奪鬥爭之意,被
動土所衝動,三與二又合成鬥牛煞,所以才有
此虧損之象,門口六白配成有官非之象。

南

九紫	五黃	七赤
八白	一白	三碧
四綠	六白	二黑

東　　　　　　　西

北

2008 年九宮八卦圖

中信泰富總部受累於鬥牛煞和政府總部動土

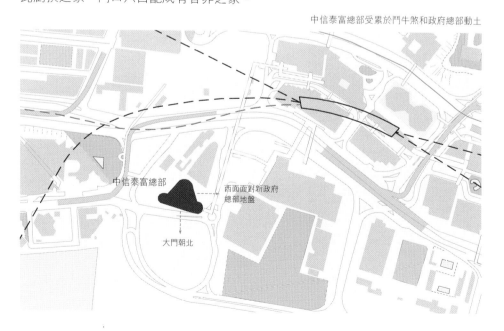

中信泰富總部

西面面對新政府
總部地盤

大門朝北

位於金鐘的中信泰富總部

中銀大廈

三角形建築的不穩因素

中國人在術數上一個重要的概念，是數字與現象的配合，這不是現代藝術家所用的純文化藝術的想法。它有它實用的價值，所以風水上的名詞有三義水、泗水歸垣、八水繞城而不會是四義水、六水歸垣，這些名詞都不能亂改。

中國人的宇宙觀中有天圓地方，天是圓形，地是方形，北京奧運建築中的鳥巢是天圓，水立方是地方，都是依據這個概念。

為甚麼地不能是三角形呢？為甚麼中國古建築中除了天壇外都是四方、長方形呢？為甚麼中國人的正門、大門都是正方形而只有旁門、墓門是拱門呢？

這些中國的古建築規範只有用風水的數字才可以解答，簡單的答案是三角形雖然可以支撐一件物件，但它不是最平穩的方法，如果三支中有一支有損，則會導致整個建築倒塌；但如果有四支柱，即使其中一支有損，其餘三支也還可以支撐，而損壞之柱還有時間可以修補。

在風水上，三角形的平面或形狀是代表三碧蚩尤，有鬥爭、不穩之義，所以三角形的建築雖然在藝術上是創新，但在風水上卻蘊藏危機。

中信泰富總部的平面是由三個像圓筒的形狀所組成，所以它的基本形狀還是一個三角形，這種形狀的建築可能在建成時門口沖上旺氣，表面上是興旺一片，但是如果遇上凶煞的流年，三角形便不能納其他方向的吉氣襄助，一旦與流年凶星配合，就有禍災。

其他三角形建築的吉凶

談起三角形的建築，在香港令人印象最深的，是由貝聿銘大師所建的中國銀行總部。它的外形是一個四方形的地基，往上建築則出現多個中三角形組成的圓形，愈高面積愈縮小。到最頂是一個三角形的平面，外形看來像一把金屬大刀。

有人會懷疑，世界上不是有很多三角形建築嗎？貝聿銘先生也設計過不少出名的三角形建築，包括法國的羅浮宮及美國華盛頓的國家藝廊。但是要注意這些出名的三角形建築都不是人居住的，它們都是收藏歷史遺跡的博物館。在風水上，博物館與廟宇、聖堂一樣，愈帶煞之地，它的風水愈好，這與一般人的住屋及辦公室剛剛相反。這也是陰陽不同的道理。

貝聿銘的三角形建築
代表作——羅浮宮

美國華盛頓國家藝廊

灣仔是一隻鵝

灣仔的地形分佈

不少香港人都知道：香港島灣仔堅拿道，現在以「打小人」出名的天橋一帶俗名鵝頸橋。為甚麼叫鵝頸呢？既有鵝頸，那鵝頭、鵝身、鵝尾在哪裏呢？相信考起不少典故學家。

鵝頸之說，要從香港開埠初年的維多利亞城開始，當時的維多利亞城只包括西環、上環、中環至灣仔一帶，北角已是郊外。這一點可以從一張開埠初年最早的地圖中看見。圖中的灣仔包括了今日已拆的興利中心後的利園山。未填海前的維多利亞公園及南面的中華遊樂會的海灣，因為圓形似個「銅鑼」而得名為銅鑼灣。

今日銅鑼灣 SOGO 的位置，當年已是在海中，東角道就是當日渣甸上落鴉片煙的碼頭。今日的電車路大概就是當年的海岸線，電車路以北的土地都是填海得來的。

從地形上可見，灣仔是由兩個山丘所組成，第一個是堅拿道以西的摩利臣山，這是個比較平坦的山丘，南界是今日的皇后

1842年的灣仔地圖

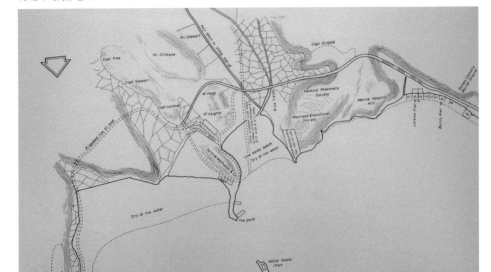

大道東，這條道路以南的華仁書院等地山勢更見陡斜，都是日後才開發的。摩利臣山的西界大概是今日灣仔道街市附近，再往西才是平坦之地。

灣仔的第二個山就是堅拿道以西，已拆卸的與利中心以南的利園山，今天這一帶的街道也比四周略高。

兩個山頭之間，就是一條河涌，它把跑馬地一帶快活谷的水引流出海，這條小河就是今日的堅拿道。直至今天，堅拿道的地底還有一條大石屎作為排洪之用。

根據六十年代在香港油印出版的一本名叫《香港風水典故》的小書所引述，香港開埠初年，有廣州南下的風水師為香港看過風水。他

灣仔鵝頸橋的「打小人」風俗

圖中凹入的海岸為今日堅拿道大水坑的出口，俗稱「鵝頸橋」。

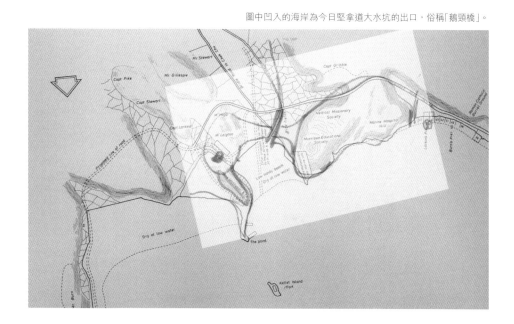

根據地形，用「呼形喝象」的方法，認為灣仔的地形象一隻臥在地上的燒鵝，鵝的頭較小，位置在今日利園山；東角道的碼頭則像個鵝嘴，而鵝嘴對出正是今日遊艇會所在的奇力島（Kellett Island），這個島正象鵝嘴要嚼食的食物；鵝身正是今日灣仔道以南的摩利臣山一帶；鵝尾則是今日灣仔街市之處；鵝的腳則位於今日的菲林明道。

堅拿道的位置，正是在鵝頭與鵝身中間鵝頸之處，加上開埠第一次填海，建造東西直通的電車，在此處也建造了一座橋，正好把鵝頭與鵝身連接起來，所以更符合鵝頸之說，鵝頸橋之名，不徑而走。所以到了今天，大部份香港人都不知灣仔這隻鵝，但鵝頭橋之名還存在。

當年的鵝頸橋

鵝的各部位有貴賤之分

風水上的「呼形喝象」是有一定標準的，通常如以一隻動物冠名，一定以它的特徵來區分貴賤。鵝的最突出特徵就是其頭上的冠及其嘴，所以鵝以鵝頭及鵝嘴為貴，今日的歷史正好説明此理。

今日的銅鑼灣商業區，是以 SOGO 百貨、香港大廈及已拆卸的興利中心三角帶為中心，向外輻射，但很奇怪，商業區之價值到了堅拿道左右已大不如前。SOGO 百貨之位置，正是當日的鵝嘴碼頭，是鴉片上落貨的交易集散地，與今日各國名牌產品的銷售，異曲同工。

灣仔街市歷史悠久

至於鵝尾，通常是把身體內的殘餘毒素排洩之處，灣仔道一帶的街市是污穢之地，旁側的律敦治醫院正是療毒之所，兩者都與鵝尾的兆象應合。

灣仔道與周邊道路與鵝尾兆象應合

這是城市規劃的巧合？還是風水形勢之冥合？大家不妨自我判斷。此類形理與現實的配合，灣仔絕非孤例。

銅鑼灣避風塘

銅鑼灣盛衰起伏

時空轉變，吉凶變幻

「六運」時生意極為旺盛的銅鑼灣東區，1984 年之後，有不少店舖生意不前，皆因風水上已由「六運」轉至「七運」。

銅鑼灣區是本港最大的一個商業零售區，其中有部份舖位之租金更成為香港以至全世界最昂貴的租金指標。銅鑼灣購物區傳統上以東面「大丸」百貨公司一帶為中心，東至維園糖街口，西至利舞台、百德新街一帶。其中以東面最為興盛，1960 至 1970 年代百德新街一帶翡翠、明珠兩大戲院是全港收入最好的「龍頭」戲院，食街、名店街更是當年開購物街之先河。

但是過了 1984 年，這一帶的購物商店出現蛻變，翡翠明珠戲院、明珠大酒樓都改作商場、百貨公司及迷你戲院，但是生意及人流不增反跌。食街及名店街的店舖不斷裝修翻新，生意反而不前，最後食街改為賣衣服為主的購物街，名店街改為家居廣場。這一帶之中心大丸百貨，也因為生意不好而把兩層的百貨店減為一層，下層改為各大名牌的店舖，最後更於 1996 年宣佈全面結束香港的分店，從此撤離香港。

時代廣場人流旺盛，為銅鑼灣區的熱門購物地方。

與此同時，距離地鐵較的皇室堡商場、利舞台廣場，以至西面的時代廣場崛起，成為新的購物中心點。

本來舊購物中心被一些新設計的商場取而代之是自然定律，但是舊中心鄰近地鐵而生意跌，新中心距離地鐵遠而生意升，則不合普通生意邏輯。

如果用堪輿學理去分析，這個現象是有合理解釋的！

所謂「風水輪流轉」，某地方的風

銅鑼灣利舞台

水吉凶是會隨着時間、空間方位的轉變而改變，物件房屋雖在，但其使用功能已有大變化。例如，古代的金字塔是帝王之陵墓，禁人入內，今日已變成供遊客參觀、學者研究的旅遊點與博物館。

銅鑼灣街景

　　大丸與翡翠明珠面對的百德新街，方位上是東偏北與西偏南向，風水上稱為「甲庚」向，風水「三元九運」中 1964 至 1983 年為「武曲六運」，六運「甲庚向」為到山到水、旺丁旺財之局，故此此街成為當年購物區的中心。

　　銅鑼灣中心區的香港大廈，是香港的一個縮影，在一幢大樓裏集中了商店、商場、食肆、賓館、診所、社團及住家等不同類型的住戶。香港大廈與紐約時代廣場及東京銀座 SONY 大廈相比，在風水上是同一個類似的「模式」，此類同並非偶然，可以用「排龍訣」來解釋。

5　9 五	9　4 一	7　2 三
⑥　1 四	4　8 六	2　⑥ 八
1　5 九	8　3 二	3　7 七

甲　　　　　　　　　　　　　　　　　　　　庚

六運甲庚向到山到水，旺丁旺財。

銅鑼灣香港大廈　　　　　東京銀座SONY大廈　　　　　　　　　　紐約時代廣場

「武曲六運」與「破軍七運」

　　時移世易，1984 至 2003 年為「破軍七運」，七運「甲庚向」之樓房為上山下水，損丁破財之局。原本「六運」建成的店舖，只要不大翻新，入七運後還可保持舊的「旺氣」，一旦大翻新，則變成「新的敗氣」。但 1984 之後，有不少「六運」的商舖都翻新改裝，這樣便由原來吉利的「六運」樓改為衰敗的「七運」樓。由於各店改裝時間不同，其由旺轉衰之時間也不同。

　　至於皇室堡，由於不是東西向，而是南北為向，在「七運」上也是進財之局。故此生意未受影響，但由於皇室堡向維園，又有東西向入口，入氣較雜，因此向維園的商舖及商場內個別舖位的生意也不能完全興旺。

　　同樣是「甲庚」方向的七運樓，一成一敗，正是古書所云：「有珠寶，有火坑。」但是要敗中求勝，往往要大刀闊斧大改才有結果，只希望轉轉位，加個風鈴之類小改動未必有成效。

　　《易經》的哲學是沒有絕對的「敗絕凶煞」，只要時運配合，也會「自然」改善。銅鑼灣「七運」敗，但是進入「八運」後，旺星又再到臨，這一帶又有一番新面貌！

甲	4 8 六	9 4 二	2 6 四	
	3 ⑦ 五	5 9 七	⑦ 2 九	庚
	8 3 一	1 5 三	6 1 八	

七運甲庚向上山下水，損丁破財。

地傑人靈的風水觀念

身為香港上市大公司之一的置地公司，是中區貴重地王如怡和大廈、置地廣場等的大業主，但在 1983 年間，其母公司怡和公司宣佈將把公司註冊由香港轉移到百慕達，怡和及置地的股價即時下跌約一成，次日恒生指數更大跌 5.8%。那麼，置地公司的興衰和中區的物業風水又有甚麼關係呢？

在談置地公司的風水之前，首先要瞭解一個很重要的風水觀念，即是「地傑人靈」的理論。堪輿學上某人或某地的發展，是在地理上及時間上吻合而自然產生的，要是時空吻合，不看風水也可以把事情弄到合乎法則，這種不自覺的現象就是「地傑人靈」。如果某地或某處不合時空而轉向衰微，也就會製造出種種不合法則的改動來，所謂「國之將亡，必有妖孽」，就是這個道理。

從風水的角度看，一間公司可以有很多分公司辦公，但是其中最重要的部分還是那間公司的總部辦公室，也正如一個人的心臟一樣，作為一個機構的決策中心，其吉凶會影響整個機構。

由此類推，如果要看置地公司之風水，則首先要留意置地公司的最大股東渣甸怡和公司的情況，因為怡和與置地是母與子之關係，母公司有甚麼事情將會影響其子公司。

怡和大廈的圓形
窗户引人注目

怡和大廈的形狀，
極似豬籠。

怡和公司先天得利

　　怡和公司是香港開埠的十大洋行之一，也是香港歷史最悠久的英資公司。當年怡和靠買賣鴉片生意起家，以現在銅鑼灣世界貿易中心、伊利莎伯大廈一帶作為鴉片貨倉。當時之洋行大班選址，可能只是以交通方便為目的，但剛好選正一個風水要穴。

　　古代堪輿學者命名某山某石，是有一定的目的及根據，這種方法稱為：「呼形喝象」。表面上其方法有點隨意，但其實有一定的法則，通常以該「形」之特徵為該地區之吉穴。因為在香港銅鑼灣與灣仔一帶，在堪輿學上相傳是一個鵝形，「鵝」形的最顯著特徵便是牠的高冠及鵝嘴，其中鵝嘴以得水為吉。

　　怡和貨倉的位置，正是處於這個鵝形之鵝嘴部分。因為居於風水吉位，因此怡和公司自香港開埠以來一直立足至今，還位居各英資公司之首。而其子公司置地公司更是香港島中區心臟地帶的地王，執香港貴重地皮之牛耳。

位於當年怡和碼頭的禮炮

　　但是怡和與置地公司在 1980 年代間，受到新興華資公司的挑戰，被迫應對了多次收購行動，怡和系也由居香港經濟的主導地位而改為採取被動的守勢。其中的變遷，原來同當時建造怡和大廈有關。

　　事源於置地公司在 1960 年代末以當時最高價買入文華酒店之地皮，並於 1970 年代初開始興建康樂大廈，即今天的怡和大廈。康樂大廈的外形是個高大長方形的立體，樓高五十層，外牆以青色石磚砌成。而大廈的北面有兩個水池，是用來作空調的冷卻器，把水注入池中循環。而整幢康樂大廈最特別的，是引人注目的圓形窗戶。當建築師在設計這座大廈時，他們當然未考慮過「風水形勢」這些問題，但也是「地傑人靈」之影響，康樂大廈的外形正好像一個直立的「豬籠」，因為它的正面有水，所以又正好符合俗語所説「豬籠入水」之格。

　　置地公司在建成康樂大廈後，把總部遷上頂樓，該公司在本港的生意也正達到最高峰。為了配合該大廈，置地公司還從英國請來當代雕刻大師亨利 • 摩亞，為康樂廣場設計一個雕刻，放在廣場中央，作為裝飾。

　　「豬籠入水」這個呼形喝象之形格，並非穿鑿附會及無稽之談，這正是風水形勢抽象的一面。傳統的豬籠都是用竹造的，因此要常常修補，康樂大廈是香港第一座高層大廈，建築師設計時可能未考慮到這座建築在強風下會擺動，外牆的牆磚只是用化學水泥黏着，因此在搖擺下便出現剝落的現象，置地公司只有盡力修補，這不是正合乎「豬籠」的特點麼？

銅鑼灣世界貿易中心，伊利莎白大廈一帶。

設計有誤成「入囚鐵籠」

置地公司為了解決外牆剝落的問題，因此決定用一種從德國進口的金屬外牆板把外牆包裝，但是該公司之董事萬萬想不到，在康樂大廈加雕刻及改外牆包裝後，會為該公司帶來不利之影響！

當一切塵埃落定後，不幸的事情便開始發生。首先是當任的「大班」突然心臟病發身亡。而康樂大廈外牆的青石磚也因為大廈搖動而開始一片片剝落。康樂大廈有五十層高，在設計上是可以借搖動來減輕風力的，在最高的五十層，最大的搖擺幅度可以達到二尺！

當時公司內一班華人董事便找一名堪輿師來看風水，想找出有甚麼不當，該風水先生便指出，康樂大廈外廣場中的雕刻最壞風水，因為該雕刻是一豎直圓形而中央有一個阿拉伯數字「8」字形的空間，空間最窄的地方由兩個尖鋒互對而成。這等於兩個刀尖插入一個人或機構之中心，故主腦有麻煩。一班華人董事聽後，便把該雕刻移到歷山大廈的屋頂上。

「8」字形雕刻，猶如利刃刺心。

　　但時移世易，該批董事不久也退休及轉職了。新的「大班」上場後，首先是再委託亨利・摩亞為康樂大廈廣場再做第二個雕刻。此外，由於外牆剝落會對公眾做成危險，置地公司一方面安上一個臨時上蓋，另一方面在外國訂購一套金屬外牆，為康樂大廈穿上一套新衣服。

　　置地公司就在這一次改變中，犯了兩個風水上之忌諱。首先，亨利大師為置地設計的新雕刻是一雙「像被風吹而擺着」的鐵雕刻，而該雕像中央是一個空洞。這一點正好象徵該公司當時的政策不定及受到華資侵佔而被動的形勢。以堪輿學上的理論，「有諸內而形諸外」，這種風水形象正反映該物主的心態。

　　第二個忌諱就是把整座唐樂大廈「豬籠入水」的「豬籠」改為鐵製入囚的「鐵籠」。此外，置地公司在改建鋼鐵外牆時未有將公司總部從康樂大廈遷出，而是一面改建一面辦公，這更犯了風水大忌，所以置地公司在當時犯了很多投資及政策錯誤，加上1982年至1983年地產不景氣，置地公司便出現了前所未有的財政危機，當時的大班更丟了高職。

　　這個情況在康樂大廈外牆完工，而置地公司也把總部遷到隔鄰交易廣場後才得以穩定下來，但至此該公司已元氣大傷，地產界馬首的地位已其他公司代替。

「像被風吹而擺着」的
鐵雕刻

　　至於置地的母公司怡和公司，它的總部是以銅鑼灣怡東酒店一帶為基地，因為該地是銅鑼灣及灣仔所形成的「鵝嘴」地帶，加上海底隧道如一條長水正對該嘴，所以從怡和百多年前開業到現在，業務都有平穩的發展。

　　而當怡和公司把總部改到康樂大廈，到底對怡和系的公司有甚麼影響呢？

　　從風水的角度來看，怡和大廈有一個鐵外牆，但現在「七數」的金水主運中，雖然像一個鐵籠，對一般行業不利，但對於一些從事金融、證券、股票、法律、會計等「金水」生意的行業，則反而有利。

　　怡和遷入怡和大廈後的第一步，是把怡和遷冊於海外，但從長遠的眼光來看，這只可以有利於怡和系內一些從事金融行業的業務，但對於系內其他百貨等業務，則有不良的影響。不過以怡和之結構及業務，也不至於在短期內出現甚麼太大的問題，只是它的機構內從此會缺少衝勁，沒有甚麼大的發展了。

　　最重要的一點，是怡和曾欲放棄怡東酒店及世界貿易中心的基地。由於這裏不但是風水吉地，更是怡和的發祥地，如果交易成功，也將會敲響整個怡和系在香港發展的喪鐘。

　　但世事如棋，置地公司在最困難時期想把怡東出售，但總因各種原由而買賣不成，這又是怡和公司之福祚了！

現在的怡和大廈即當年的康樂大廈

蘇杭街風水盛衰

地運隨時間而改變

中國人有一句話：「時移勢易」，意思是因為時間的轉變而引起形勢、人事上的各種改變。這點與堪輿學上所說的地運轉移有關。

風水學上的「地運」是隨着時間而改變的。例如中環的地運，以前是日夜皆旺的，但近年已有不同，只是旺日間而不旺夜晚。中環最旺的畢打街，日間人來人往，非常熱鬧，但一到天黑就水靜河飛，連行人也不多一個，商店沒有夜市，這是地運轉移使然。

這種地運轉變平均每二十年便會發生，所以某地區可能二十年前十分興旺，但二十年後便變成衰落了。

香港島西區是本港開埠最早的地區之一，因此也可以看到各種興旺衰敗之象。

港島西區有一條蘇杭街，原名乍畏街，這是香港最早期的一條女人街，老一輩的香港人都耳熟能詳。

在八、九十年前，蘇杭街旁的舖戶都是主要賣繡品、布匹、紅頭繩及絲絹等貨品，這些貨品最上品高級的都是上海、蘇杭地區的出品，因此統稱這些為蘇杭貨，蘇杭街也因此而得名。現在這條蘇杭街雖然仍有幾間賣蘇杭貨品的商店，但已屬徒具虛名了。

其實這條女人街的興旺，是與香港的妓院發展有很大的關係。香港早年開埠之初，是容許公娼公煙（鴉片）存在的，而在1910至1920年代，大部份的妓院都集中於石塘咀區。在風水學上當時是三碧星當運，吉星發於西面，石塘咀之西為青洲海面，故此有大發展，成為當時有名的風月區。

但是時移運轉，1924年後四綠星當運，吉星轉移於西北方，石塘區因而衰敗，1925年香港政府在石塘區填海而把妓寮遷移到水坑口，水坑口區正面對西北海面之吉星，這也是天運使然，也是水坑口妓院最盛的時候。

蘇杭街的位置是由皇后大道中開始，像一個半月形彎至文咸東街口。在文咸東街口，蘇杭街口正面對西北。而這裏也正是水坑口街、文咸東街、永樂街及摩利臣街四條「水」的交界，正合天運。

當時水坑口的妓女爭妍鬥麗，常常來蘇杭街買絲綢及女人用品，由水坑口街轉右便到蘇杭街，因此該處的生意非常旺盛。

中國人有句話：「盛極必衰」。蘇杭街在 1920 年代盛極一時，但是當 1929 年香港政府在蘇杭街口建成上環街市之時，便把蘇杭街的「龍脈」切斷了，更把蘇杭街與其四條水分開。在風水學上，「街市」建築屬於屠房之類，煞氣非常重，香港政府把街市建於蘇杭街口，自然把煞氣引進街內。

1920年的蘇杭街

　　不知是否蘇杭街街口被阻，交通較不方便，還是血腥煞氣對絲繡有影響，上環街市建成後，蘇杭街的生意也起了變化。首先是買名貴真絲綢的店舖生意一落千丈，因為有錢的人不到這條街，買得起絲綢的女人也不來這裏，只有那些賣日本平貨的電光絲緞商店可以支持。

　　到了第二次世界大戰後，天星氣運又再轉移，五黃管運，蘇杭街的氣運也更一去不復返，那些賣蘇杭貨物店舖也大多改賣廚房用品，其中雖然也有布舖，不過已不是賣女人用的布匹，而是賣膠布及化學原料製成的所謂人造纖維的布料了。

　　從蘇杭街的盛衰中，我們可以看到一些地運轉移所造成的實例，蘇杭街及水坑口之興盛，風水上因為天運四綠星當道所形成，事實上也是香港政府遷妓寨於水坑口所致；蘇杭街之衰落，也是天星轉動而政府建上環街市造成。

現在的蘇杭街

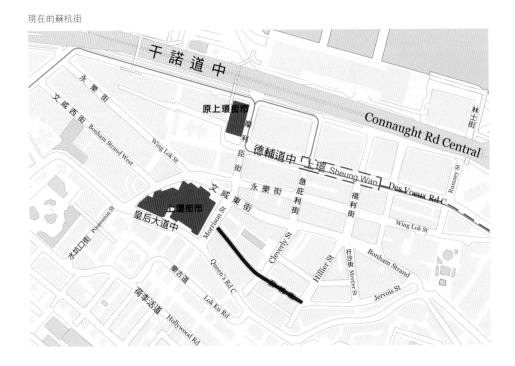

巧合符合天地之道

當時的港英政府，當然不會相信風水的「迷信」之事，但是他們也是依照風水天運所引起的機緣而發展，這一種「巧合」，也符合堪輿學上「地傑人靈」之說。

理論上堪輿學只是一種自然的定律傾向，沒有國界民族地域的分別，只要時間與空間配合，某地方就會自然有某種發展。例如，現今世界各地經濟有發展的城市，其新發展的主力都是集中於該城市的東面。也就是說，不論是多倫多還是香港，其主要發展區都在城市的東面。

這理論也可以解釋為甚麼西方沒有風水學而不會因此全部衰敗。根據筆者的測驗及考證，西方有很多主要建築都是合乎風水原則而建成的，中國人往往把這種「自然發展傾向」及「巧合」稱為「道」，也就是「天地之道」的意思。

但是發展並非每一次都是依着這種「傾向」而行的，風水學的功用，主要目的就是改正這類不合乎「天地自然原則」的行動，趨吉避凶，而不是那些「宿命論」者所說凡事都是「整定」不可改變的。

香港政府把街市建於蘇杭街口，自然把煞氣也引進街內。

蘇杭街

吉煞夾雜跑馬地

山谷氣雜

位於港島灣仔和銅鑼灣以南的跑馬地，擁有很多著名的地標，如馬場、香港大球場、著名的私家醫院養和醫院、豪宅屋苑禮頓山等，更是港島區宗教墳場的集中地。這裏匯集了陰氣、煞氣和病氣，卻仍吸引了眾多的達官貴人在這裏居住，跑馬地在地運上一定有其獨特之處。

跑馬地的英文名字是 Happy Valley，昔日名為快活谷，因為這裏有馬場才會名為跑馬地。跑馬地其實是一個山谷，在風水學上，山谷的谷底是不太好的。兩條山脈的交匯位置氣雜，以環境學來説，這個道理很簡單，這個位置很容易發生山泥傾瀉。

由於香港島開埠時平地不多，但英國人有一個習慣，他們喜歡讓軍馬有一個地方奔跑及受訓，因此便開發這個山谷，在山谷的谷底建成一個馬場。

跑馬地位於兩山之間的山谷

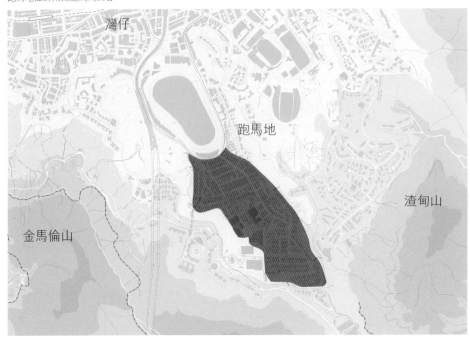

英國人當時的決定並不受風水影響。但對中國人來說，騎馬並不普及，因為古代當官的人才能騎馬，一般人只能騎騾、騎牛或騎驢。馬在風水易卦中占六畜之首，也就是指六種由人飼養的動物中，馬是最高級的，等同一條龍，所以理論上馬主飼養馬匹，若馬匹好，馬主也會走運。但是龍在跑步會有煞氣，所以這一區可以説匯集了煞氣和吉氣。

右方龍脈利民居

跑馬地這山谷兩旁，有兩條龍脈，分成一左一右向外伸延，左方之脈有煞氣，附近就全是醫院、墳場，右方之脈則較好，周圍就主要是民居。

在民居的一方，如果翻查歷史，可以發現，在六運、七運期

跑馬左右兩條龍脈

間，也曾發生過很多不如意的事，其中包括兩個「灶底藏屍案」，中巴撞死 25 小學生等等。

跑馬地最轟動的悲劇，就是 1974 年的紙盒藏屍案，16 歲女學生被殺害，屍體被藏於紙盒內。其後經科學鑑證，兇手被找出，並被判終身監禁。

這些事件跟時運有關。這些事件多是在六運（1964 年至 1983 年）、七運（1984 年至 2003 年）內發生。現在是八運，較少發生那些事。我們常說「風水輪流轉」，事情會隨時間而轉變。

現在是八運，跑馬地這裏的情況好多了。跑馬地的路口剛好面向東北方，面向東北的入口又名夷門或鬼門，聽起來不太好，其實是代表外地人、異鄉人。跑馬地的道路很有趣，是單向行車，車子只從東北方開過來，正因如此，這裏也吸引了很多外國人、外地人來居住。

這裏的後方有一條斜路通往南區，這條通往南區的道路，未來九運期間，會令到跑馬地更興旺，因此這裏會越來越興旺。

明堂聚水財運旺

跑馬地電車總站的位置，恰好位於山谷的谷底，加上旁邊兩條街道的坐向，在風水上，這個卦象較雜。不過，它又剛好位於跑馬地的頭部，就是風水學上的明堂位。我們知道，在城市中，馬路是可以當作「水」來看的，因為馬路上有車輛交通，象流動的水一樣。電車總站是停車的地方，而且停着的車還不止一架，因此就代表水聚。明堂聚水，可以聚財，因此這裏較利商業發展。

這一區有很多的地舖，都是一些很有名的地舖，但這種情況在其他地方卻不常見。這就跟城市規劃有關了。現在新的規劃，政府只着重興建大商場，大商場被連鎖店壟斷，完全沒有特色。但跑馬地這裏全是小店，商舖也是由小業主掌控，因此很多小型商店、食店得以生存。

左脈墳場陰氣，旺醫院馬場

　　跑馬地左方龍脈一邊，幾個宗教墳場連成一片，陰氣沉重，又間接地催旺了附近著名的養和醫院和香港賽馬會。

　　在風水學上，醫院的煞氣也很重，因為醫院主生死，等同生死之門。就是說有人在醫院死亡，也有人在醫院出生，因此醫院旁若是墳場，那一所醫院必定很旺。譬如香港島很有名的瑪麗醫院，旁邊也有一個墳場。所以說，養和醫院也好，瑪麗醫院也好，其業務之興旺，聲名之遠揚，並非偶然。

　　同樣道理，旁邊的馬會能夠如此暢旺，墳場也應記一功。

　　馬會作為全香港最大的慈善機構，總體上發展得非常好。十多年前是馬會最興旺，最蓬勃的黃金時期，當年賽馬的收入非常多，一場賽馬的投注額，相等於澳洲馬場一年的收入。因為當年的馬會總部設在看台的位置，這個位置背面正是墳場。墳場本身的陰氣很重，陰氣重旺偏財，若住宅背向墳場會較麻煩，但對於經營慈善博彩事業的馬會來說，經營的生意是偏財，便會很興旺。

　　當年的馬會總部坐西向東，但新總部搬往前方後，改為坐南向北，生意沒以前那麼好，因此也要提供足球博彩才行。你也看到來自賽馬的收入，現在較從前減少了。所以說，真的不要隨便搬遷總部，這樣會令到慈善收益減少。

跑馬地的墳場

養和醫院

民居向馬場，並非人人宜居

「馬場」在古代等同「校場」，是軍隊騎兵練馬之地，也常作刑場之用，所以「馬場」在古代風水中被視為「金戈鐵馬」之地，帶有較重的煞氣。馬場附近的民居，就有可能會受這煞氣的影響，尤其不利家中的女性。

如果房子不是面向馬場，而是位於山谷的山脊，譬如南塘道、黃泥涌道等，不管做甚麼職業也沒有所謂，要是房子佈置得宜，做甚麼也可以很旺。若房子是望向馬場的，很多望向馬場的房子也同時望見墳場，這些房子的煞氣較大，因此只有特定人士才能住在這裏，譬如他們的職業，就是古人所謂「帶血肉的人」，或是本身帶「煞」之人。

古時帶血肉的人，指從前的屠夫。但現在不同了，現在可以是一些擅長做手術的國手——大醫生，本身帶煞之人，也可以是接刑事案件的律師，或從事軍警、政經的人。

馬場煞氣重

住宅近墳場，易聚陰氣

　　有很多人買房子時都害怕望向墳場，認為望向墳場不太好，其實要區分實際情況來看。

　　房子有兩種情況會望向墳場，一種是房子就在墳場的旁邊，中間沒有道路相隔。另一種則是房子與墳場之間有道路相隔，甚至有些是遠望的。若房子可以遙望墳場，而房子的高度高於墳場則沒有問題。最糟的是房子正正位於墳場旁邊，打開窗子便看到對面的墳場，而又居住在低層的話，房子的陰氣會較重。

　　但風水學是很有趣的，風水是輪流轉，並沒有絕對，這些陰氣很重的住宅，可以利女性不利男性；對宗教人士來說，這些也可能是最好的地方，譬如從事殯儀業、宗教業的人，譬如現在有很多人在住宅經營佛堂，要是房子望向墳場便大旺這些行業。

　　若房子真的面向墳場，而居民又有少許心理壓力、有點害怕，如有宗教信仰，可以開壇或擺放十字架等宗教物品，虔誠一點，多做跟其宗教有關的活動儀式。這樣應該就沒有問題了。

南臨筆架，北指文星

　　港島區有很多大型屋苑，當中以太古城一帶最多及最聞名。這裏的屋苑樓齡不淺，但樓價一點也不便宜，而且長期來看升多跌少，長盛不衰。究竟為何這區的樓價會如此高？其實這跟風水、地型及規劃等各個一方面都有關係。

　　太古城是香港區的樓王，這一區也興旺了三十年，太古城的龍脈及地形上有其獨特的優勢。

　　太古城的南方是畢拿山及柏架山，柏架山上有東北及西南兩座山峰，和畢拿山一起來看，就象有三座山峰連綿在山脈上，形狀就像古時文房四寶中用來擺放毛筆的筆架。在古代筆架代表讀書、聰明等等。這條龍脈一直伸延至太古城及鰂魚涌。

畢拿山和柏架山連在一起象個筆架

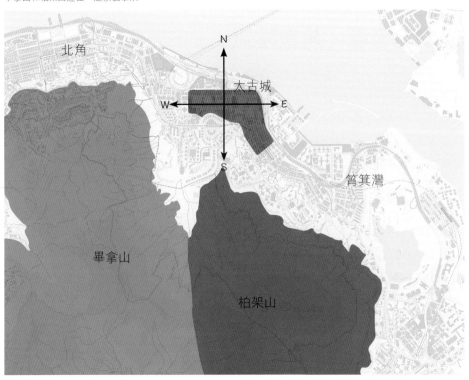

太古城的東南方是鯉魚門的水口，正北方面向飛鵝山，是一個尖峰，我們稱之為文筆星，是一顆火星。一四同在，我們稱之為一四同宮，古人認為必發科名之顯，大利媒介事業、讀書等等。

很前的北角邨，所處的那個位置正是尖上尖，也像火星，因此北角邨也曾經是皇牌屋邨，北角區也名人輩出。

太古城也擁有相同的地利，因此這一區歷久不衰，住在這裏的小孩讀書聰明，因此家長很喜歡搬來這區居住，樓價因此而也較高。

飛鵝山是一個尖峰，屬火形山。

北有飛鵝山，東南有鯉魚門，「一四同宮，必發科名之顯」，故太古城利讀書。

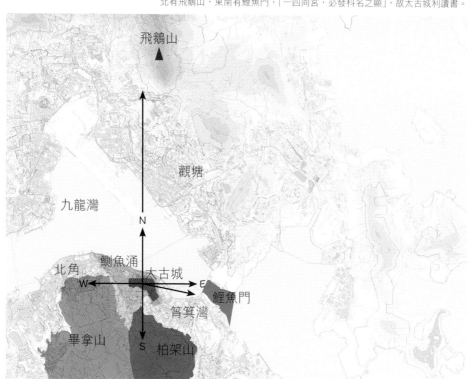

正南北向長居久安

龍脈上已佔優勢，這一區的外巒環境也有特別之處。

太古城從前是太古船塢。這裏原先有一座伸延至海邊的山峰，後來被人為分開，中間就建起了一條英皇道，就是現在康山花園及太古城交界的道路。

太古城整個，靠山的部分本來是實地，只是用來興建了船塢，臨海部分的土地則是填海所得。所有這裏有兩種土地，一種是濕淫之地，另一種是山地，各有各的優勢和缺點。原山地地氣比較厚重，地運也比較平穩。不過，比較靠近山的屋苑近年比較麻煩，因為屋苑附近建了很多辦公大樓，辦公大樓採用玻璃幕牆，很多房子貼近辦公大樓的玻璃幕牆，而玻璃幕牆會反光，若單位的坐向不好，便會有回峰煞，把不好的東西帶進屋子裏。靠山的房子若非望向玻璃幕牆會較好。

太古城三十年來歷久不衰，樓價不跌，除了文昌旺有利讀書的優勢外，還有一個大家並不留意的、但其實很重要的原因是——太古城是子午向的，也即正南北向。這是一個很穩定的方向，古代的中國人最喜歡這個方向。在清代甚至不許這個方向建民居，只有官家才可用。

太古城裏的屋型大致分為兩大類，靠山的屋型是十字型，一

太古城南面一大半土地為實地，只有北面一帶為填海地。

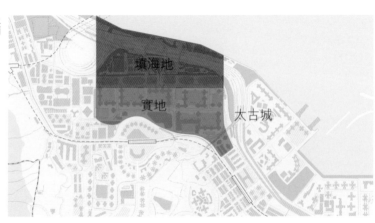

層八伙，這些是四正的房子。但臨海的房子是風車型，這些房子偏斜了，房子裏有些地方不是四方的。

風車型的房子就如風車輪流轉般，住戶不會長久居住，經常也會搬家，或者是賣樓，或者是租約期滿等等。而那裏正好是填海所得的土地，屬濕淫之地，因此更應驗。住在這裏的人，子女會出外讀書，大人會出外工作，家人經常難以相聚。所以若是論穩定性，還是靠山的房子會較好。

另外，太古城的商場還有一個特別的格局，因為車子從東區走廊的正北方進來，而地鐵從正南方開過來，左右兩方有東西兩個門口，這個四門格局，在風水上稱為天市垣格局，這個格局大利商業，也帶動了太古城整體上的興旺。

太古城原址是太古船塢，圖中由上而下的道路為英皇道，山上即為現今之康怡花園。

太古城四方通氣，為天市垣格局。南面大部分為十字型四正房子，北面臨海的為風車型。

鬼面坡有煞，傾斜不聚氣

這一區除了太古城外，相隔一條電車路，便是很著名的康山及康怡花園。這兩個屋苑跟太古城近在咫尺，風水優勢則另有特點。

康山及康怡也坐落於畢拿山的山脈，這裏的土地跟太古城一樣，也是移開大石山而來的。但屋苑的設計很有趣，呈 S 形，就像是一條蛇，好聽一點就像是一條龍，是沿山而建的，因此每棟大廈的坐向也不相同，這樣有好有壞，好與壞取決於大廈的坐向，以及房子面向哪裏。

譬如，有幾棟大廈的單位面向大石壁，在風水學上，這些石壁叫鬼面，有煞氣。還要看房子的坐向是否跟它配合，若不配合便會出現災病等，若配合得宜也沒有問題，只不過為人會較固執。

石壁旁邊這條環形的路，其後方的山就如一個鍋子，在鍋子底部最低的位置，剛剛有一座大廈最低層的單位，正是香港幾十年前，很著名的烹屍案的案發現場。可見其煞氣很重。

曾經有朋友在這裏居住，房子面向鬼面，而其房子的室內設計出了一點錯，把廚房牆拆去改成「開放式廚房」，加上坐向飛星不佳，弄到自己得了重病。需要在風水方面作一些改動來避煞，才能解決問題。

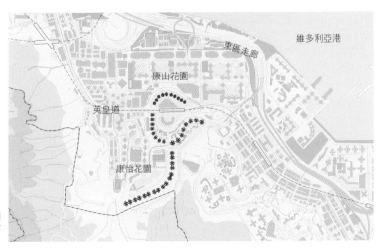

康怡花園和康山花園就象一條蛇一樣，沿山而建。

　　假如不幸地正在走霉運，而房子的風水也不是太理想，碰巧房子又面向鬼面山，如要破解或化解，最好就是在鬼面上直接作綠化，比如在石壁上加鐵絲網，種植蔓藤植物，讓其往上生長，包圍山坡，綠化山坡。但在綠化山坡尚未成功之前，只好先從室內方面着手，在對着鬼面的窗口，種植一些綠化植物，希望可以化解一下。

　　當然，具體情況卻不能一概而論，因為每所房子的方向也不同，有些房子向東北，有些向西南，每所房子的方向也不同，需要逐一察看。

　　附近還有一個南豐新邨，也是處在正子午向的位置，但其樓價或知名度不及太古城。當中的原因主要有二：

　　第一，太古城臨海可以吸水，因此那裏較興旺。大家也知道，海景單位的樓價較山景單位高。

　　第二，南豐新邨雖然也是正子午向，在風水上也挺不錯，只不過這個屋苑微微向下傾斜，往東向西傾斜，一直斜向山谷，聚氣方面不及太古城般強。

鬼面般的石壁有煞氣

南豐新邨地勢傾斜，不利於聚氣。

豪富雲集港島南

面山背海，向南最矜貴

香港島的南方，沿着深水灣一直往前走，便會經過淺水灣、南灣、赤柱，沿途背山面海，四處也只是看到一幢又一幢豪宅。住在這裏的人非富則貴，據說香港約有三成的超級富豪，曾在南區居住。究竟港島南區的風水有多了不起？龍脈的氣是否很強呢？

的確如此。整個香港島，就是由一大片的山和為數不多的平地組成的，南區的土地，大部分都是山地，或者說，是港島一系列山的南坡。傳統上，中國人的建築就以坐北向南為貴，連皇帝登基，都稱作「面南背北」。要在香港選坐北向南、又建在原山地的住宅，必定以南區為首選。

南區有兩個主要的住宅區，一個在深水灣，另一個在淺水灣。在包括赤柱、石澳等眾多向南的地區當中，深水灣的風水是最好的。

深水灣的山脈，是從扯旗山經過聶歌信山，再伸延至壽臣山。山不一定要夠高才能配合穴位，壽臣山是一座圓圓的小山，它的天然環境就如一座大金庫，坐在金庫上，當然會發財。難怪首富也住在那裏。

深水灣龍脈由扯旗山而來，落在壽臣山。

南區的許多住宅都是背山面海，對開的海面又有許多小島，這些小島對南區的風水也有很大的影響。

熨波洲

站在深水灣，向南面望出去，前方就有有一個小島，名為熨波洲。為何名為熨波洲呢？原來大海的海浪打進來後，海浪進入深水灣經過這個小島後，浪花便會變得很平靜，就如一個熨斗把水波熨平般，因此名為熨波洲。這個小島令到深水灣的浪花，相比淺水灣或其他海灘的浪花為小，在風水上視為水聚。

水靜則水聚，水聚才得大財。因此這裏是全香港風水最佳的地方之一。

有時面向大海的風水也不一定是好，還要看看海面的浪花，波平如鏡的海面，那才是好風水。香港向南的地方，全是面向太平洋的，哪裏會有這麼平靜的海面？只在深水灣才有。

熨波洲是深水灣的天然屏障

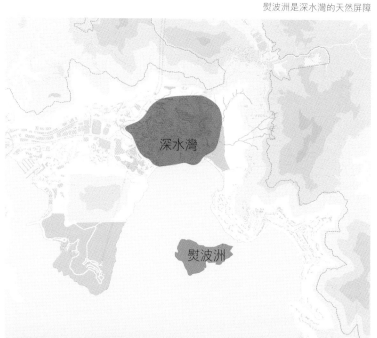

前無朱雀，氣不聚

　　緊鄰深水灣的淺水灣，也聚居着許多富豪，但就不是深水灣的那些全香港頂級的富豪了。原來，淺水灣的風水相對來說也比深水灣要差一點。

　　淺水灣的前方雖然有銀洲及南丫島，但從某些角度上看，可像一線天般看到整個南太平洋。總言之一望無際的位置，在風水學上視為欠缺朱雀位。很多時看風水也只會留意青龍白虎位，以及後方是否有靠山及玄武，但很多人也忽視了前方的朱雀位，前方有朱雀位才能聚水。因此淺水灣的海灣有缺位，也就是有缺口，因此住在那裏的人，每隔幾年就會遇到風浪，很容易有得失。

　　按照古人的說法，好的朱雀位最好有一座山或是呈品字形的山，像是一隻小鳥正在展翅般，這種形狀的山最好。

從淺水灣某些角度上看，可看到整個南太平洋。

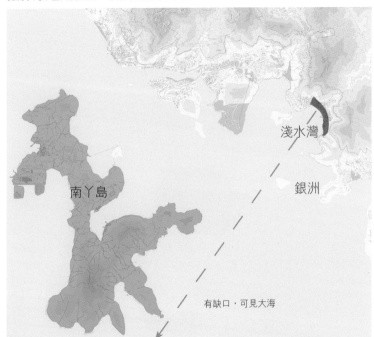

南丫島

淺水灣

銀洲

有缺口，可見大海

其實，不管住在港島或九龍，都可以看到朱雀位。住在香港島的人望向九龍，可以看見飛鵝山、筆架山等，住在九龍的人望向港島，可以望見扯旗山等等。所以，香港這個很小的城市，才可以如此興旺。

山頂山腳大不同

既然南區的風水如此好，是否所有搬來這一區居住的人，都必定會發財呢？當然不是。如果真這樣的話，豈不是人人都會爭着搬到南區？

南區的房子很怪，一定要看房子的坐向，看看房子是否坐落於龍脈上，因此有一些住宅，住在某一個單位的人會發財，但隔壁單位的人則破產了。

所以一般而言，在古代選房子，大概會這樣，如有山的地方，可把這座山分為山頂、山腰及山腳三個位置來挑選房子。我們大部分的人，平民老百姓會住在山腳，有錢人住山頂，或者山腰。

古人認為住在山頂的人較孤獨，但山頂主權貴，所以住在山頂的人可以掌權。但相對而言，山頂位置較高，水不能向上流，水是向下流的，山頂有權但不一定有祿，就是錢財不多。

相反地，住在山腳的人會如何？山腳的平地才是真正賺錢、大利商業的地方，所以住在山腳的人可能財富較多，但沒有權，也沒勢，因此很容易被人瓜分財富。

因此古時的中國人提出中庸之道，那裏最好呢？就是山腰，中間的位置。一般指從山高的三分之一，從山腳計起三分之一的高度，你也經常聽到我們説，香港很多豪宅位於中半山、西半山、東半山，就是半山的位置。半山的位置剛好平衡兩者，既有錢，又有權，又有勢，又有子女。從首富的房子也看到，位處的高度正是這座山的三分之一。

市區的拓展
——九龍

九龍地運看龍脈

龍脈的走向

大家一般接觸風水這門學問，常常會談到關於「龍脈」、「龍氣」等名詞，到底在堪輿學上「龍」是甚麼東西呢？在實際上「龍」是一種實物還是一種抽象的符號呢？

堪輿學上對山川走勢及形狀的研究非常精細，其對山脈更有獨特的見解，因此在古代風水又稱為「地理」，而不單是我們現代指西方的「地理科」（geography）。

由於山脈的形狀變化很大，有很高，有很低，有各種奇形怪狀，要形容它往往比較抽象。古代中國人為了使一般人方便記憶，便把山脈形容為蓮花、獅子、老虎、飛鵝等各種動物及事物。這些山脈變幻無常，有點似中國古代的神獸「龍」的性格，是「見首不見尾」的，因此堪輿家便把這些山脈統稱為「龍」或「龍脈」。

一般來說，龍脈是指山脈中間比較高而兩邊低陷的山脈走向。龍是以最高的山峰為祖宗發源之地，又稱為「祖山」、「老祖」，此祖山再衍生出「少祖」山及各「子子孫孫」山來。至於哪一個山才算最高，則以某地區大小來決定。以中國為例，中國之祖山為全國及全世界最高的喜馬拉雅山；以廣東為例，祖山為五嶺山之大庾嶺；在香港境內則以全港最高的大帽山為群山之祖；以香港本島來說，則扯旗山為祖山，餘此類推。

扯旗山

山脈以祖山之峰開始伸展出來，輾轉到達第二個主峰，稱為「少祖」或「主山」，再轉到看好風水的地點停止，風水上這一點稱為「龍穴」，便是我們所找尋的理想地點，在此建屋或墓葬（兩者要求的龍脈當然不同），便可以得到龍脈之「正氣」，因此旺丁旺財，百事順利。

大帽山

在一般城市大埠之中，都在附近有一個主峰，發展出一群或一兩個主山，在同一個或不同的主山可能發展出一至幾條小龍脈，這些龍脈一般比周圍高一、二百呎，也可能只有一、二十呎高。

視乎四周整體環境及時間空間的配合，這些龍脈其中有一條可以發展成為政治、法律的中心，其他則發展為住宅、商業及工業等為主的地區。

遠眺大帽山

九龍的九條龍脈

「九龍」之所以得名，是因為半島內平坦地區有九條龍脈南北伸延。這個半島以大帽山為「祖山」，而經過荃灣大窩口、大窩坪等山脈到筆架山結穴，成為九龍的主山。有人以為獅子山比筆架山高，所以獅子山為主山，但風水上除了祖山之外，往往以該山得正中之龍氣為主山，不一定以最高大為主，獅子山及現稱樂富的老虎岩等山都是屬於獅虎的「侍從」山，不及筆架之尊貴。

雖然現在九龍市區已是高樓大廈林立，但大家還可以從街道地形的些微高低看出這些「龍脈」的走勢。

九龍這九條脈從西向東數起，第一條由筆架山直落蘇屋邨旁小山；第二條經歌和老街西面的迴旋處大窩坪附近落脈於石硤尾區、深水埗至大角咀；第三條則由石硤尾至旺角；第四條脈絡最

獅子山

長，由歌和老街經又一村、嘉道理山、何文田山至尖沙咀大包米止；九龍第五條脈則不是筆架山發脈，而是由獅子山伸展至廣播道山，落九龍仔公園山至馬頭圍及紅磡；第六脈則經老虎岩至九龍城岩後山止；第七條脈由獅子山尾落龍翔道東至黃大仙；九龍的第八及第九脈則發源於東面飛鵝山：第八條由飛鵝山至南山尾到鑽石山，最後一脈則由飛鵝山直落斧山至牛池灣區止。

筆架山

九座山，九條龍，其中最貴重的龍脈正是「又一村─嘉道理山─何文田─尖沙咀」一線。

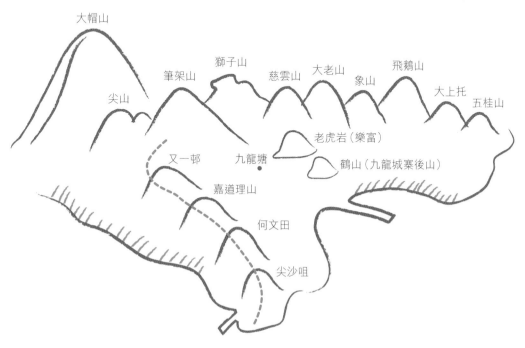

九脈發展各有不同

　　這九條龍脈由環列半島北面的三個主山發脈而來，因為主山脈氣不同，因此發展各異。這三個主山中，以筆架山最為圓潤平正，因此其落脈最為顯貴，第一、二脈由於面對伶仃洋海口，堂局水大無收，因此只可以發展為工商業中心，但在工商業之中，該兩地無論地價、生意都是執同行之牛耳；第三脈發展出的旺角，則是全香港九龍最旺的商業區。筆架山脈以第四脈最長，為中脈，最為顯貴，而其中所經的地區，不論又一村、嘉道理利山等全為九龍區最高尚的住宅區，該區尾之尖沙咀區則為九龍最高尚的旅遊商業區，其貴重可見一斑。

　　獅子山山形在風水上帶煞氣，獅子山的兩脈以獅子頭落廣播道之脈為貴，廣播道為全港廣播中心也非無因。至於獅子尾落脈則盡得穴於黃大仙，黃大仙為全港首屈一指之廟宇也是得力於此，但由於靈氣盡鍾於該廟，反而附近之民居未及富裕。

　　飛鵝山由於形帶動氣，故此所發兩脈最合做工業貿易等錢來錢往的生意，家居則會比較動盪奔波。

黃大仙

　　九龍這九脈，發展盡有不同，但由於相對主山這些山脈比較低平，在落穴處又缺少高昂的山峰，因此未能發展為政治、法律及財經中心。清末清政府選擇九龍城寨之失敗正是個好例子。雖然如此，九龍作為純商業、旅遊中心，則甚至香港島也有所不及。

獅子山雖高過筆架山，仍只能當其「侍從」。

又一村

旺角女人街

飛鵝山

高鐵西北來水，催旺香港氣數

　　廣深港高鐵香港段全長二十六公里，從西九龍直達深圳。2010 年展開工程，預計 2015 年通車。除了在徵地問題上引發居民抗議外，不少市民更質疑花大量金錢建高鐵，對香港有何效益。高鐵的出現，會令到香港的未來高速下跌，還是升格十倍呢？

　　很多人都覺得火車速度很快，而且是鐵造的，傷害力會很大。在香港建高鐵，會否正如外界所說會破壞香港的運數？其實情況剛好相反，高鐵對香港絕對是有利的。

　　大家要先認識香港本來的大格局。香港的大格局應合《天玉經》所説的「乾山乾水水流乾」。

　　乾代表西北方，就是說西北有山、有水，水從西北方向流下來。香港的天然格局已擁有此條件。香港最高的山是大帽山，大

香港大格局符合「乾山乾水水流乾」

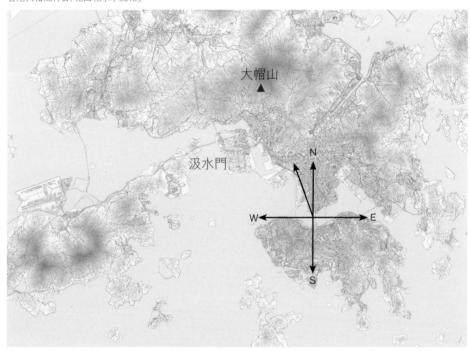

帽山坐落於維港的西北方，西北方也有四大水口之一的汲水門，也就是珠江水，一直從西北方流下來。因此應驗了乾山乾水的格局。高鐵從廣州一直開來香港，也是從西北方來到香港，這條高速鐵路就如一條水流，高鐵把這條水流高速帶來香港，為香港帶來更旺的運氣。長遠而言，對香港有好處。

這是高鐵從北京、東北三省來到南方的終點站，因此把全部氣匯聚在香港。乾方代表官，我們今天的特首在中國的官場，等同書記或省長，職位挺高級。興建高鐵後，鐵路的路軌接通了，乾方的水流會更加猛，除了對民生有幫助外，也對他們的官運有利。整個香港政府在中國的地位等等，將會大大提升。

所以，不用再擔心了，待高鐵通車後，全香港一同財源滾滾來。

高鐵帶來西北乾方的旺氣

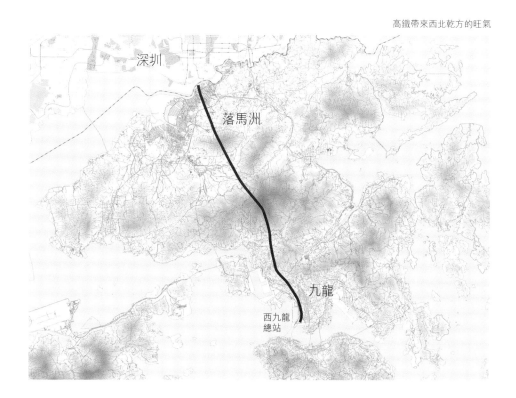

預計高鐵工程會在 2015 年竣工，則這幾年中，對於西九龍一帶的居民來說，始終是要面對如此大型的動土煞，如要化解煞氣，面向地盤的單位或居民，家中可以擺放金屬風鈴，可以拉上窗簾擋煞。

另外，馬年的北方是三煞位，可以在窗旁擺放三棵泥土種的植物，便能化解三煞位。

高鐵西九龍總站工地，旁邊即是港鐵九龍站上蓋的豪宅屋苑。

特高建築物，有利文昌

西九龍除了是高鐵的總站，規劃中，近海一帶更會被發展為文化區，這個位置是否適宜舉辦文化項目呢？

在風水學上提到文化，有句古語，「一四同宮，必發科名之顯」。一四代表方位，這個位置剛好可以看見鯉魚門，那個位置是「四」，是巽宮位，北方則有一座高聳的環球貿易廣場，就象古代的一支文昌筆，也符合「一」的要求，因此這裏也適合成為文化區。

有人擔心文化區內有文化卻不賺錢，可以從建築設計上下一點功夫，幫助營運。例如，這裏風勢很大，有點寒冷。古時的人說風吹財散，要看看將來這裏的建築物如何設計，建築物之間的道路設計很重要。要是人們來到後不覺得風很大，而不是經常北風凜凜的話，這裏便可以聚氣。聚氣便會聚財，人流較多，消費就會更多，也會賺得更多。

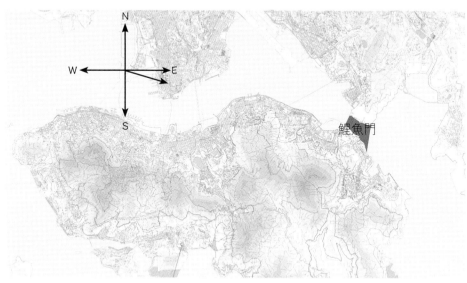

東南望鯉魚門，北有環球貿易廣場，合「一四同宮」格局。

環球貿易廣場

　　文化區的旁邊，規劃中將來會興建一個大公園，公園周邊則一定不利商業。以維多利亞公園作例子。維多利亞公園的一方是告士打道，另一方是興發街。兩方的商業也不興旺，對嗎？但有趣的是，後方的第二條街道，分別是百德新街及電氣道，卻非常興旺。

　　按照中州派的排龍訣所說，因為第一個位排了破軍位，第二個位排了一顆吉星，通常第二條街道會較第一條旺。因此可以預見，公園旁邊不會很興旺，但接近商業區的生意則會不錯。

通常公園旁的第二條街道會較第一條旺。

零正合局，八運旺發

在風水學上，一棟高樓等同古代的塔，興旺的地方必然有一座塔。你看看現今中國的大城市，要是沒有一棟很高的大樓，該城市就不興旺。環球貿易廣場這麼高，是有利興旺中環和香港等地的。它剛好坐落於中環的北方，因此有利香港的名聲。

經常聽說八運西南見水特別旺，那麼，住在西九龍的人是否一定很富貴？其實，西南見水還有一個條件，就是東北見路。很多人把此話只說一半。這裏確實是西南見水，因此這裏旺財，人流也是從東北方來。

作為住宅，這裏有個小毛病，這裏的土地是填海而來的。填海的土地濕氣太重，因此產生一個現象，屋內的人一般也會各分東西，經常出國、離家，較少家庭聚會的時間。不過對於香港人來說，這是很普遍的，很多人都會出國讀書、出差工作等。

西南有水，要東北有路，才是真局。

旺角地運旺商業

旺角的旺

在芸芸香港分區中，中環、尖沙咀及銅鑼灣屬於較高級的商業消費區，而九龍的旺角及港島的灣仔則屬於比較平民化的地區。

在一般印象中，旺角及灣仔是比較舊、比較亂及比較不乾淨的地區。但是在 2003 年「沙士」襲港期間，旺角與灣仔是全香港沙士爆發率最低的地方之一，病發率比那些較新發展、較乾淨的沙田、將軍澳地區還要低！

這是甚麼原因呢？

在沙士爆發期間，銅鑼灣的商業中心也門可羅雀。但在旺角則 business as usual，正常作業，不受影響。

旺角為甚麼這麼「旺」呢？

以今天的科學規劃設計，是沒有甚麼有理論的答案的。只有一個解釋——它是全世界人口最密的地區之一。

1863年九龍最早之測繪圖中，芒角村一帶的小山丘。

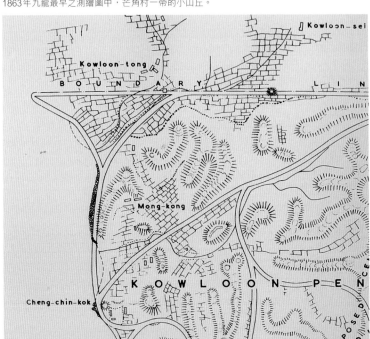

266

「天困」之格局

在風水學上，旺角的興旺有它先天及後天的條件。

在一張 1863 年九龍測繪圖中可見，旺角是由幾個小山丘組成，有一條小村名叫「芒角」或「芒岡」，位置在今天旺角道與彌敦道東附近。今天的先達廣場正是當年芒角村背後的小山丘。

旺角是人煙稠密的
舊式商業區

這些小山丘，中間是一片農田，北面有一條小溪，把九龍堂、花墟一帶的水引出大海，今日彌敦道東始創中心北的水渠道就是由此而成，而道中間一列油站，就是坐在被改成大渠的小溪上。

彌敦道是九龍最早一條大道，在九龍半島南端自南至北跨越尖沙咀、油麻地至旺角。它於 1860 年由英軍工兵修建，在 1861 年港督羅便臣代表香港政府接管九龍半島時，命名為羅便臣道。它原來的目的是在軍事上方便英軍調動之用。到了 1904 年，廣九鐵路「英段」工程開展，當時港督彌敦在九龍東西兩面填海，此路才改為彌敦道。

彌敦道以西一帶，由砵蘭街、上海街、新填地街至廣東道一帶都是填海區。在風水上這都是「濕淫」之地，主利商業貿易偏

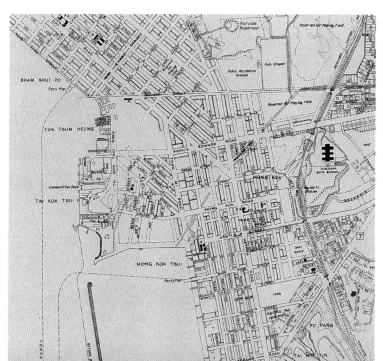

對照 1863 年測繪圖可見，今日西洋菜街及通菜街一帶，正是當年芒角村南的水田，屬濕淫之地，故此利於商業貿易。

西洋菜街

通菜街

花園街

財生意，但不利安居住宅。彌敦道東有三條主要南北走向的內街，西洋菜街、通菜街及花園街，南由登打士街起，北至界限街止。

西洋菜街及通菜街的位置，正是芒角村南的水田，這些水田是以更替種植西洋菜及通菜為主。春天種需水較多的通菜，秋後則種西洋菜，故以此為名。兩街以東的「花園街」地勢較高，舊日芒角村民在此種植時花，花農習慣稱花田為「花園」，故有此名。從風水的角度分析，西洋菜街及通菜街雖不在填海區，但「水田」也屬濕淫之地，故此也利於商業貿易。

今日西洋菜街在亞皆老街南至登打士街是全旺角最旺的步行街，以飲食商品消費為主。其中又局部發展成「波鞋街」、「女人街」及「金魚街」，這都可用「中州派」的排龍訣來解讀，並非偶然而成。

這「芒角」村東有幾個小山丘，其東南是一片水田，當時名為「何文田」，此「何文田」位置與今日的「何文田」名同地不同，其位置以今天山東街為南界，北界在快富街左右，東在染布房街，西至西洋菜街左右。此「何文田」之南為幾個小山丘。這些山丘在風水組成一個「天囷」之格局，「囷」為「倉庫」之局。

旺角的小山，早在九龍建大角咀時便被剷平，泥土用來填海，但風水上其「龍氣」還在。

舊「何文田」一帶的幾個小山丘，組成一個「天囷」之格局。

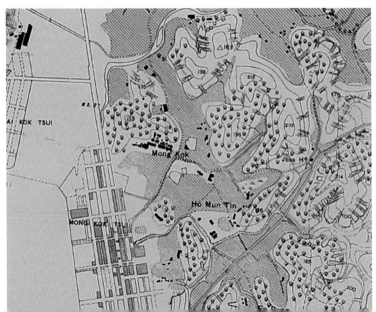

星辰似織羅

在十九世紀初規劃旺角街道分區時，汽車還只是少數歐洲人的玩具，交通還不是一個大問題。所以規劃中是以「人」為本位，汽車是次要的。結果是規劃成一個一個約九十米乘五十米左右的「街道地塊」（Street Block）。整個旺角地區，中間是一片如編織的橫直街道，而彌敦道作為一條闊車道在南北向貫穿其中，東西橫向則有亞皆老街及旺角道兩條主幹道。區內的多條橫直小街，正正將旺角分割成一個個街道地塊和一些小綠化空地，這些「街道地塊」又再分割成一些小地塊。這種地塊規劃當然有它的規劃缺點，例如保安、管理投入要較多。但在整體上是有幾個最大優點：

第一點是，地區由小業主發展而成，減少大財團的壟斷，每個地塊、每幢大廈都更有特色。

第二點是，商業活動主要在街道上，自由性及成本較「有管理」、「有空調」的商場更低，小商戶生存能力較高。

第三點是，街道形成網格，在街道的平面上較易通風，減少區內熱能、細菌積聚。「沙士」期間旺角與灣仔個案小，就是得益於這種規劃的優點。

這種小網格式的規劃，在風水上正如《青囊序》所云：「天上星辰似織羅，水交三叉要相過。」《都天寶照經》也云：「水口亂石堆，此地出豪雄。」，既是利於商貿交易之地，也有利於發展出各種特色地區。

時至今日，香港之城市規劃並沒有吸收旺角等地區之優點，只是一味仿照歐美大室內商場模式。結果建成一個又一個差不多的商場，一個又一個差不多的屋邨，反而缺乏旺角等區域的特色。

旺角的商業街格局星辰似織羅

九龍寨城的前世今生

香港地區在宋代名為官富場，原來是指今日九龍城一帶的地方，其主要功能是管理當時附近的曬鹽田，為朝廷抽稅。南宋末年敗走的小朝廷曾在此處躲避元兵。現今啟德機場舊址內曾有一塊大石頭，相傳宋帝曾居於此，故名為宋王台。此石在日治時被炸毀，用來建造後來之啟德機場，只有一小片石留在旁邊的宋王台公園內。

而真正與香港開埠有關的，則是在此石旁邊，清朝作為駐兵之地的「九龍寨城」。

雖然香港人習慣稱之為九龍城寨，從字面上可見，此九龍寨城是先有寨，而後有城。

在古代建築上，「寨」一般情況下是由木建造而成，一般寨牆是木柵欄組成，寨內房屋可能是木造或泥磚建成，一般都是實用為主，沒有裝飾，有一種臨時作防衛的意味。這些「寨」往往只有一些低下級軍官駐守。

宋王台公園

九龍寨城的變化，起於第一次鴉片戰爭之後。在戰爭爆發之初，英軍艦隊曾經駛入維港，用小艇意圖登陸及攻佔今日尖沙咀「天文台」及「大包米」幾個小山上的清軍炮台，但被擊退。英軍在廣東有備而戰下並未嘗到甜頭，轉戰於備戰不足的福建及浙江舟山，才取得勝利。

英軍原意是要佔領今日浙江之舟山。清中葉後，由於黃河在銅瓦廂決堤，改變了自北宋後向南流之流向，返回故道，由利津口出海。這改變使京杭大運河北段之水量供應不足，漸漸淤塞而斷流。當時江南的米糧貢品，都是改由長江出海至天津，再由通惠河運至北京。在風水上，黃河改道也結束了中國自北宋至清朝皇朝都受北方威脅的局面。

所以當英軍提出割讓舟山時，由於舟山正位於長江之出口附近，清廷自然不願意英軍可以掌握長江出口的咽喉。談判的結果，英軍因為香港島西南瀑布灣有一口四季長流的淡水瀑布，可以為從新加坡來華的艦隊供應淡水的補給，而取下了香港作為來華的第一個殖民地。

1865年，低矮的城牆沿着緊貼寨城的小山而建。

面對英軍佔領香港島的威脅，兩廣總督也提升了與港島一海之隔的九龍寨的地位。1840 年左右，把九龍寨的木建圍牆改為石牆，更把寨城後的「白鶴山」用石牆圍起，加強防衛。1847年這些城牆基本建成後，便在城內興建衙門，作為正式官方機構。

但城寨之防衛，不單止不能阻止英國繼續侵蝕九龍新界，甚至未能阻止太平天國軍隊的攻擊。1854 年，一支太平軍分隊便短暫佔領了城寨，當時的守軍更走到香港島避難。

當年的九龍城龍津碼頭

1875年左右，從龍津碼頭望向九龍城，首先看到的是橫跨整條街道的牌樓。

　　到了 1898 年《展拓香港界址專條》簽署後，英國人便視此在英殖民地內的「中國城寨」為眼中釘，故在 1899 年便趕走了清朝的守軍。

　　但英國人在日後想治理城寨時往往演變成外交事件。因此港英政府放寬政策，漸漸城寨變成一個三不管的地區，後來 1954 年後香港人口激增，城寨的非法建築越起越高，變成全世界獨一無二的高層「寮屋」。直到 1997 年前中英談判時才把它折毀，改建成今日之公園。

直到 1924 年，九龍城的常住人口還只有幾百人。

1970 年代，城寨的非法建築，多層建築取代了原先簡陋的石屋和木屋。

今日的九龍寨城公園

九龍城外局形勢

從風水的角度看，城寨改為石牆，加建衙門時，正為三元九運曆法中之「九運」（1844 年至 1863 年）。衙門是坐壬向丙，北偏西之坐向，城門則坐西向東開門。而 1854 年被太平軍所佔，可視為城寨之「衰運」，到了 1899 年被英軍佔領更是「入囚」、「衰死」之兆象。

清朝人一般督信風水，為甚麼這個用風水設計的衙門，會只有這麼短的氣運，更鬥不過在南方香港島上的英人呢？

在歷史上，確實沒有九龍寨城看過風水的記錄。今天要分析城寨之風水得失，可以從先天外局形勢與後天設計建築立「坐向」兩方面來分析。

城寨坐北向南是傳統中國衙門一般的做法。它後靠白鶴山，左為官蕩（今日官塘），右為紅磡土山及海心廟（今已填平為海心廟公園），似乎合乎一般風水的格局。

但用此分析只是一個似是而非的假風水。

因為白鶴山之後山，有老虎岩（今日樂富）及獅子山，這都是一些有石帶煞的山頭，但中間未有一個「化煞」的轉變，煞氣直沖白鶴山，所以城寨定位是一個「假穴」。

海心廟

理氣坐向的得失

城寨坐北向南，風水上細分是「壬山丙向」，建於 1840 年至 1849 年，為九運建築。

中國古代的建築，在地勢容許下，大部份都喜歡以坐北向南為主，以南開門。因為天星上南為太陽之位，太陽之光可以化煞，所以以此為一個通例。今日中國各大小城市的省政府及市政府，大都是坐北向南之格局。

北方在周天 360 度中佔八份之一，45 度，可以分為三個「山」：偏西的「壬山」，中間的「子山」，及偏東的」癸山」。

古代規定，「子山」為天龍，為皇家仙佛所主用，所以一般高規格的寺廟及官衙都會用這方向。

第二級為地龍「壬山」，所以一般會用文廟、祠官及小衙署的方向。九龍城寨似乎就是使用這一級的硬規定。

第三級人龍「癸山」，為最小的小龍，但因為天星「癸山丁向」，也主陰財，利營商，清代商貿流行，晉商、徽商、浙商及粵商都是其中表表者。所以不少民居都會用「癸山」為坐山。

話雖如此，但山高皇帝遠，在中國各地也有不少人不依這套法規行事，所以在今天還可以找到不合此法度的古例。

但上述的一套，是官方及民間不懂風水的人由風水理論中演化出來的簡化方法。用中州派玄空的分析，這並非可以用於每一個元運。

侯王廟

以城寨看，九運壬山丙向是犯了「伏吟」之煞，主不利居住之人，而更犯了山星下水，也不利人丁。除此以外，城寨衙門排龍得破軍凶星，也是一個大問題。

城寨之敗，絕非偶然。而獅子山、老虎岩之煞氣，只有一個侯王廟在後消解也不足夠。今日白鶴山後已建為墳場，這也是一種化局。

填海地旺商業

九龍城寨雖敗，但寨前原本通往碼頭的衙前「龍津道」一帶，則是填海濕淫之地，故此大利商業。在啟德機場未遷之前，此地商業非常旺盛，機場搬遷後，雖然有點失色，但也是九龍中最興旺而有特色的飲食地區。

待啟德東九龍遊輪碼頭建成，「巽宮」開通，只要政府規劃不出毛病，不要用大馬路割斷九龍城與新區之「人行」聯繫，此地將會有一番新氣象。

九龍城衙前圍道一帶的特色飲食商業區

寨城前原本通往碼頭的衙前龍津道一帶，則是填海濕淫之地。

福壽龜下山再旺觀塘

濕淫之地大利工商業

觀塘工業區

觀塘位於九龍半島的東部,是傳統的舊區。觀塘區的範圍很大,大致上,以東西向的觀塘道,把觀塘分為兩個部分,南方為傳統的工業區。這個工業區的土地,也是在五十年代填海而來。北方的地勢較高,我們可以看到裕民坊坐落於山上,古時那裏是海岸線。北方分為東西兩區,西區是牛頭角,東區是觀塘。住宅大約可分為兩區,工廠為一區。

大約在 1950 至 1960 年代,觀塘區的工業非常興旺。這就與風水上的地運有很大關係。筆者多次提及濕淫之地,大家對濕淫之地的印象也不太好。濕淫之地的壞處只有一個,若在濕淫之地的上方建住宅,由於那些土地屬客土,

觀塘的工業區為填海得來,住宅區則為原山地。

住宅區

觀塘道

工業區

不利居住。但濕淫之地是濕土，有水，水為財，
因此濕淫之地大利商業或工業。所以觀塘南部
的工業區，正是填海地，煞氣較大，因此在那
個年代，反而更興旺。

　　但到了 1960 至 1970 年代，就沒有之前那
十幾年那般興旺了。因為氣運會轉移，那時開
始走七運，旺東西向，觀塘工業佈局則是南北向，偏東北。其實，
這裏的工廠並不是生意轉差了，只是老闆都把廠房搬往內地去
了。工廠減少了，工人的數目也減少了，感覺上沒那麼興旺，區
運漸漸淡靜下來。

　　那些年代如此興旺，跟龍脈也有關係。因為九龍東最主要的
山是飛鵝山，飛鵝山是一座尖山，古人稱之為廉貞山。古人認為
山龍要廉貞作祖才會旺。大家也看到這條山脈，是分開兩條山脈
伸延下來，一條沿着清水灣道伸延至彩虹附近，另一條經過佐敦
谷，沿着順利邨伸延至觀塘的位置。傳統的觀塘住宅區，正正坐
落於順利邨這條龍脈上，所有龍氣都會流向這一區。

觀塘龍脈來自飛鵝山

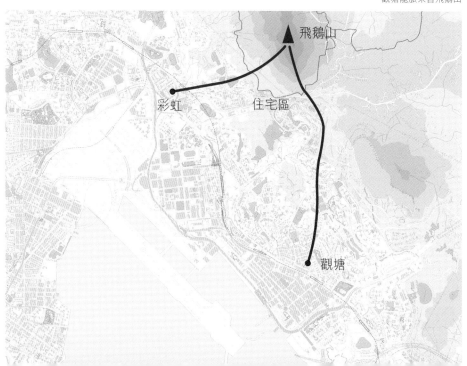

APM 商場

工業區中的旺商場

　　但到了現在走八運,這裏又開始興旺起來。一些大型商場開始在這裏落戶,觀塘區再次成為九龍東的人流集中地。其中的APM商場,正是筆者的設計。

　　從APM商場往外看,APM商場的右方是地鐵站出口,原本有一條天橋,我們把天橋加闊了,可以同時容納更多人通往商場。但也在另外一方加建了一條新天橋,直接通往裕民坊。商業上的考慮是為了吸引裕民坊的人直接進入商場,不必經過那條很難走的路。這兩條天橋,碰巧通往裕民坊的天橋較長,通往地鐵站的天橋則較短,這兩條天橋分別是左青龍、右白虎,分開兩條路吸引客人進入商場。一般商場的門口,也是進入商場後才到達辦公室,APM商場則剛好相反,一進入便是辦公室,辦公室位於大門旁邊,然後再進入商場,商場在較裏面的位置。

　　另外還有一點，住宅大多是背山面海，APM 商場則剛好相反，是向山背海，風水上稱為「倒騎龍」格。這是地形的問題，這裏的地塊需要這樣的設計。於是這裏的格局，跟傳統的思維概念有少許不同。另外，APM 商場有四道門，讓客人可以從四道門進入商場，這四道門形成天市垣的格局，打開門後便會很興旺。

　　由於現在正值八運，八運旺艮卦，利東北有山有路之處。這裏的東北方有「大上托」山，上方還有一條協和街，從東北一直往下，沖向裕民坊的門口及 APM 商場，所以傳統上裕民坊及 APM 商場是為觀塘區的市中心。

APM 商場

東北有山有路旺八運，裕民坊、APM 成觀塘的市中心。

東北動土推動旺氣

　　APM 商場是觀塘區最高的建築物，位於觀塘舊區的東南方，等同古人的文昌筆。某程度上，APM 商場落成後，大家也看到，觀塘區的商業有價，充滿商機，因此帶動市建局的重建計劃。

　　如果從風水角度來看，觀塘舊區的這些重建工程，也是氣運使然。

　　只要看一下地圖就可以知道，維多利亞港的兩旁，分別被九龍及香港島的山包圍，若以維多利亞港作中心點，觀塘正正位於東北方。因為八運旺東北，因此這一區在八運期間動土重建，可說是風水的氣運使然。另外，前文也提到東北方有路沖向這裏，令到這裏很興旺，因此這裏必然會重建。

觀塘正好位於維多利亞港的東北方，八運當發。

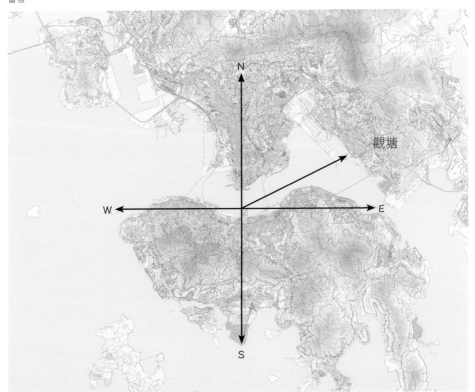

岔水交織亂如麻

這裏還有另一個特點，那就是有很多小街道，從左至右交織而成。這個格局應了古代風水所説的「岔水交織亂如麻」。甚麼是「交織亂如麻」呢？是指一條三岔水。若你有留意天然的三岔水，兩條水交接的三角位，水流會較混亂，水撞繫水中的石頭，甚至會濺起水花。所以交接位很亂。現在觀塘的格局很像三岔水口，很多橫橫直直的街道，這些街道很短，中間互通，可經過公園通往另一條街道。這種設計很旺商業。

話説回來，在香港像裕民坊這種形式的街道，已經愈來愈少見，途經時真的要多看一看，多走一走。

這個重建區的範圍像一隻烏龜，像一隻正在下山的烏龜，這裏的設計若能反映這方面，譬如屋頂採用圓形的頂，呈彎彎的形狀，可以是一些很新穎的設計，但也要帶出相同的味道，這樣就可以配合這一區的地形。烏龜本是長壽的象徵，龜也是北方的玄武，代表水，也代表財，就是説既有錢，又長壽健康。這一區就會很好。

裕民坊重建區的形狀
就像一隻烏龜

鯉魚門的興衰

香港人談到食海鮮，傳統上都會想起鯉魚門。因為鯉魚門的海鮮酒家，不但在本港家傳戶曉，在中國大陸以至海外也很有名氣。

鯉魚門興起於 1970 年代，在之後的 20 年間最興盛。當年香港有不少做工廠的廠家，因為此地有地方特色，加上海鮮又新鮮，常常在鯉魚門招待外國廠商及內地官員。當時鯉魚門晚上車水馬龍，非常熱鬧，但時至今日，因為工廠北移，加上遊客多次來港，早已到過鯉魚門，這裏的景象就大不如前了。雖然晚上生意不少，但大部分的酒家都不會全店滿座，它的光華似乎有點褪色。

想當年，鯉魚門是一個與東九龍沒有車路連接的漁民避風港，與外界的主要交通方式是通往港島筲箕灣的街渡。它就像現在大澳的小漁村，有一定的本土風味，在此開辦海鮮酒家自然具吸引力。

由於時代轉變，1970 年代後鯉魚門已有車路連接，漁村風味大大減少。有些大陸朋友已去過鯉魚門幾十次，由於大家都貪新鮮，所以西貢海鮮酒家的興起，便成為鯉魚門的最大對手。

西貢海鮮酒家是在 1990 年代末，配合西貢新填海區之美化而興起的。但兩個地區一起一落，都是一些外在的表象，如果從風水的角度來看，兩者的興衰與該地區所建立的牌樓有關！

鯉魚門在八、九十年代最興盛。

牌樓的風水作用

對於一些中間有個洞的現代高層建築，現代人依西方的翻譯，把這些 gates 翻譯成為門，但是按中國傳統建築的區分，如果是門，它必有兩扇門頁把它關閉，而且中間有人出入，所以中間有個洞的建築的只可以稱為洞。

與它接近的古代建築就是牌樓，因為它們除了小部分有套透氣的木柵欄封閉外，大部分都是中空的。細想一下，古代這些牌樓的實際功用不大，它除了是城市街巷中一個美麗的裝飾外，主要是作為街頭巷尾的一個指示牌，或是一些達官貴人、衙門知府的威儀裝飾，最後可以是作為如封誥夫人等名人的紀念牌。那麼，古代中國人為甚麼要花費大量金錢建造一些無實用價值的東西呢？

其實牌樓與塔一樣，是古代中國的風水器具，在看風水觀察四周環境時，塔與牌坊就是所謂外六事中要注意的其中兩件事。

堪輿學理上，古代的牌樓就是一個束緊氣口的地方，也就是一個三叉水口，所以一座牌樓的定立，其建造時間、方位及與鄰近的房屋或社區的關係都很重要。

中州派所注重的排龍訣中，如果有牌樓在附近，它將會是一個重要的因素。

中間有個洞的現代高層建築，在高樓滿佈的城市中，也是體積非常大。此等建築就有如古代城市中的牌樓所起的作用。

其實無論牌樓與建築，都要講求比例。古代中國城市都是以一些一、兩層樓高的建築為主，所以一個兩層樓高的大牌樓，會變成一個有影響力的風水器物。在巴黎，市中心大部分建築都不會超過六層樓高，所以凱旋門這個約四層樓的結構便影響到法國總統的官衙風水。

在美國紐約也有一棟與凱旋門同樣大小的美國門，但是它位於一個公園之中，而且與附近的高樓大廈相比，是小巫見大巫，所以它在風水上對紐約的影響十分輕微。

西貢牌樓好風水

　　西貢市中心有兩個牌樓，第一個是 1960 年至 1970 年遷移一些村落到市中心時所立，地點在進入市中心前，天后廟的左側。但由於政府的要求，避開馬路，所以這小牌樓不是橫跨整條街而是建在路邊行人路上，所以其風水力量也減少了，因為沒有「束緊氣」。但是它還是一個牌樓，所以雖然對整個西貢市影響不大，但是對於附近的商店則有很大的影響。

　　這個坐艮向坤的牌樓，排龍中排文曲水到右鄰的一家糖水店上。因為與排龍訣配合，加上它本身的飛星也合格，所以這家糖水店生意十分興旺，名聲大震，不只在香港有多家分店，在中國大陸也有發展。

西貢海旁的海鮮街牌樓

西貢最早的牌樓，對附近的商店有很大的影響。

　　九宮飛星在三元派風水上固然重要，往往也是整個佈局的關鍵，但是如果只看飛星，不懂形勢上也有理氣方向、法度，則其效果並不顯著。所以懂飛星的朋友會發現，同一個坐向，為甚麼左右商店的效果不一樣，這就需要懂得使用排龍，這是表面非常簡單的星訣的奧秘。

　　西貢市的大改變，是七運中在海旁建立了一個海鮮街的大牌坊。這個牌坊在排龍、方位、時間上都非常配合，它是坐坤向艮，七運所建，排龍合適，所以它建立後西貢的海鮮生意漸漸興旺，成為鯉魚門的有力競爭對手。

在同一時間，鯉魚門也在1980年代七運中建成一個大牌樓，但因為只是社區人士及政府人員所籌建，似乎未有顧及風水的影響。它所用的乾山巽向、方位、位置、時間及地點都不符合法則，所以造成鯉魚門受西貢的競爭，此消彼長。

從上述之例可見，牌樓或中間有個洞的建築可吉可凶，最主要是在設計時懂得用排龍訣加上時間、方位及環境外六事的配合，並非所有的有洞建築都是大凶之象。

鯉魚門雖然晚上生意不少，但大部分的酒家都不會全店滿座，它的光華似乎有點褪色。

西貢海鮮街的生意興隆

鯉魚門的大牌樓風水不合法則

原居民與新市鎮
——新界

東北發展促旺香港

東北發展地段，見山有利運勢

　　新界東北發展計劃，是香港政府規劃中的土地發展計劃，該計劃準備將現時的古洞、坪輋、打鼓嶺和粉嶺北農地改作住宅和商業發展。計劃隨着梁振英政府上場後，被視為「深港融合」，甚至乎是「割地賣港」，引發連串激辯。政府已表明不會撤回計劃，預期在 2017 年啟動，2022 年讓第一批人口遷入居住，2031 年完成所有工程。

　　說到新界東北發展對香港的風水影響，先要了解這裏的山形和地形，其中的關鍵就是這裏的龍脈和其周圍的格局。

　　大約在港鐵粉嶺站以東的地方，有一個叫龍山的地方，龍山正正是香港其中一條龍脈所在。龍山腳下有五個小山丘，形成「五虎下地堂」的格局。圍繞着這些小山丘，建有一排傳統的圍村，包括有麻笏圍和老圍等，其中的老圍，可算是香港最古老的一條圍村。這個地方被稱作龍躍頭，就是因為龍山而命名。

　　香港現在正在走八運，八運旺東北方，要有路有山。山已然存在，但是這裏前方較為平坦，理論上想這裏興旺，最好建一些山。因此，政府對新界東北土地的發展規劃，不但不會破壞香港龍脈，而且還是配合風水學理，有利於香港運勢的。

新界東北發展規劃

坪輋、打鼓嶺
新發展區

古洞北新發展區　　　　粉嶺北新發展區

龍山的龍脈，孕育了香港最古老的圍村——老圍。

擴闊沙頭角道，大利財運

　　這裏的另一個特色，就是有一條沙頭角道，通往沙頭角禁區，直達北方。因為路面狹窄，這條路的流量不大。倘若將這條路擴闊，增加流量，讓更多人出入境的話，對香港來說等於開拓財路，對香港的整體經濟大有幫助。

　　所以說，東北發展對香港的風水，有一定的好處，亦可以這樣說，為了配合整個運勢，一定要發展東北區。

　　但另一方面，從建築師的角度看，現在的發展方案有一些小毛病。這一區既然已設為發展區，或許會建一些高層住宅，可能達致四十餘層樓高，這樣的話，我們現在還能看到的田園景色，就會完全被破壞。這就是負面影響了。

　　這裏是香港現存唯一的地方，仍然着保存鄉郊田園，以及有歷史文物價值的龍躍頭文物徑。倘若規劃不善，可能會破壞這個環境。這樣亦會堵塞了龍氣，整體來說會造成破壞。

擴闊沙頭角公路就是拓展香港的財源

規劃配合風水格局

現時的規劃有一個傾向，規劃師通常將每片土地設定了高度限制，於是形成很多新界的新市鎮，像剪了平頭裝一樣，全部也是高度相若，像平頭一樣。這個在風水學上稱作土形，而土形不利讀書，影響年輕人讀書和就業。這些設計應該較為靈活，比較有藝術性。要有高低對比，像山一樣。較高的突出的建築，形狀稱為火形，火形利於出現聰明伶俐、能幹的人。

新界東北區要規劃得好，再配合風水格局，這樣才有助脫貧。

龍躍頭老圍村，就是一個規劃不俗的例子。

我們都有一個錯覺，一般人以為山脊往下衝，最下面的位置正好接收龍脈，以為在這個位置建房子一定會發財。

但實際上這個位置的煞氣太重。龍自山上往下衝，等於一輛時速七十公里的車輛，突然要它停車，非常危險。所以一般來說，三煞位不宜住人。古人通常會在龍脈盡頭位置建寺廟，或者土地公、關帝廟之類。以龍躍頭為例，他們在這裏蓋建了天后廟，利用神的力量化解煞氣。若以天后廟為中心，左方是青龍，右方是

老圍　祠堂
左青龍　右白虎
天后宮

龍躍頭老圍村格局

白虎，因此在左邊建了老圍讓人居住。因為青龍代表俊材，較吉利。而白虎代表肅殺，因此建一座祠堂在這裏。整個格局是以左右和廟宇而來。

三煞位不利營商

説到三煞位，其實很簡單，我們見到的十字路口就是三煞位。但是對於這些位置，各家各派有不同的説法。

傳統的做法，倘若三煞位配合得宜，店鋪開幕就會立即客似雲來。大家可以想像到，十字路口人流旺盛，人家見到有新店開幕，也會看看生意是否興旺。可是要留意一點，一些數十年來也很興旺的店舖，通常不會設於十字路口，一般會是十字路口旁第二或第三家店舖，這是甚麼原因呢？

中州派有一套「排龍訣」，三煞位屬破軍星，一定是虎頭蛇尾，通常可以支持一段時間，但之後會後勁不繼，可能因為業加租，生意太好令到業主加租，令到無法維持之類，因此位於街角的店舖，就像貨如輪轉一樣，很快會搬遷。

將軍澳愛恨交織

東南水口，發文昌文明

　　將軍澳新市鎮，行政上屬於新界的西貢區，但地理位置上卻與九龍半島緊密相連。將軍澳這麼大，當中又細分為幾個小區域，究竟其中哪一塊區域比較興旺？這就要先看龍脈的發源和來路了。

　　這一區的龍脈是從清水灣道上方伸延下來，將軍澳的中心區，旺在坑口站附近。因為那裏有一條影業路，也即是昔日清水灣片場的斜道。這條路從正北方伸延下來，一直伸延到坑口站的附近。坑口站附近的道路四通八達，就如一個小型的天市垣局。正因如此，那裏的商業相對整個將軍澳而言是最興旺的。

將軍澳的龍脈從清水灣道上方伸延下來

坑口的格局像一個小型的天市垣，因此是整個將軍澳最旺的地區。

坑口站附近是將軍澳最旺的地區

垃圾之都，還是娛樂之城？

　　將軍澳除了是高密度的住宅區外，在整個將軍澳的東南部，還有一個將軍澳工業邨，也集中了不少傳媒業的企業落戶。除了政府在土地、經營等方面給予的優惠政策，這裏的風水地理，對於經營報館或電視台等傳媒事業也有有利之處。

　　將軍澳本來是三面環山，南方及東南方是廣東八門之一的佛堂門。在洛書九宮中，東南方為「4」數，主文昌，南方為「9」數，主文明，因此這裏適宜經營科技及傳媒等行業。可以這麼說，這一區的先天條件是不錯的，但後天的規劃設計上則有點問題。

　　這一區現有很多垃圾堆填區，也就是垃圾也一併放在這裏。文昌有臭氣，散播臭氣和污穢物，龍頭藏了垃圾，因此現在傳媒事業的公信力沒從前般純正，也不太為市民接受。市民不時懷疑傳媒的公信力，既是環境問題造成，也與政府的規劃有關，不過，即然規劃如此，也只能說是「有得也有失」。

　　近年免費電視牌照引來不少風波，「魔童」王維基創立的電視台，已經自行開台，更在將軍澳購買地皮興建電視王國，這塊地皮

將軍澳地理位置

的選址就在環保大道附近。王維基創立的電視王國，是否有機會創下電視業的神話，可能與這幅地皮的風水巒頭會有很大關係。

這個選址剛好是四正位。在風水學上，子午卯酉的正向位，為正南北和正東西的方位，氣運比較平穩。坐擁這個先天格局，如果懂得按風水格局來設計，發展應該也挺不錯，是可行的。但這個地點現在有少許缺憾。

第一，這裏的車路入口設在坤位，也即西南方，從事傳媒行業的，把入口設在文昌位較有利。但可以看到後方的屋苑，呈彎狀的對着這個地盤，就如一把刀砍過去，頂層就象一把斧頭，刀斧臨立，因此剛開始時會出現很多麻煩。如果要化解，應該在地盤的正北方，建一個水池及種植四棵木樹，就有機會擋煞。同時可以旺文昌，這樣便有機會可以解決難題。

另外，因為巽為風，宜在地盤的東南方，即巽方，加設出入口。政府當然不會讓車子出入，但不要緊，可以當是人門。加設出入口通氣，便可以改善。

香港電視選址是個四正位，但門開在了西南坤位。

後方的屋苑，就如一把刀砍過去，頂層就象一把斧頭。

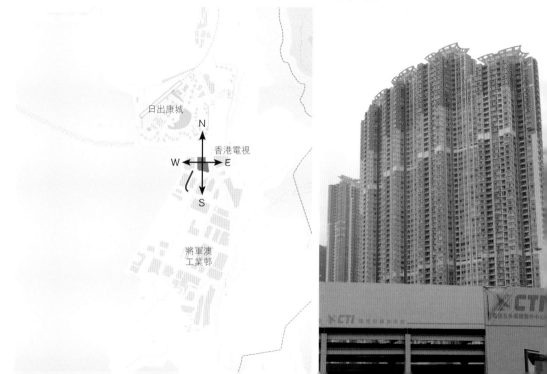

　　至於大家從小就收看的無線電視，已屹立香港幾十年，自從搬入將軍澳後，周圍的風水環境，對其未來的氣數，還是會有一定的影響。

　　如果站在電視城前，大家都可以聞到一陣臭氣。也可以想像到，整個將軍澳的地理環境也有風，適合發展傳媒事業，有利文昌。但是這裏附近卻有垃圾堆填區，因此無線電視搬來這裏後，從前是獨佔鰲頭，現在卻被人瓜分。這就是風水現象。

　　從坐向來看，無線電視的電視城，大廈坐向是南北向，也切合文曲位的一位，錄影廠是四位，因此他們也有一定的優勢。從位置來說，電視城則坐擁整個將軍澳工業邨的北方，因此其優勢會延續下去，直到九運初也沒有問題。（九運是在 2024 年開始，因為是九運初，九運的氣會順延至 2030 年至 2034 年左右。）

　　電視城最大的缺點，不用説大家也知道，就是對面的垃圾山。現在這垃圾山越堆越高，因此對電視台產生不利的影響，有外人前來分一杯羹，一些藝員及公司內部也有點麻煩。即是説，紛爭較多，閒話也較多。

無線電視將軍澳電視城

電視城面對垃圾堆填區，影響不利。

日出康城

將軍澳
工業邨

垃圾堆填區

電視
廣播

先天不錯，後天規劃有誤

　　將軍澳垃圾堆填區，規劃設計確實有問題。

　　住在垃圾堆附近，始終不是太好，經常也會嗅到垃圾味。從風水的角度，要看房子的坐向，要是坐向旺也沒問題，但要是坐向不好，加上這樣的環境，很容易出現生病等現象。

　　而且這個城區還不斷在擴建，繼續建豪宅，如果想要幫助這一區的居民，唯一的解決辦法就是盡快關閉堆填區。現在的堆填區就如打開蓋子的垃圾箱，令到臭氣散了出來。要是早點用泥土封閉堆填區，可以大大減少臭氣，居民的健康運也會改善。

　　將軍澳居民也面對另一個問題，那就是地陷問題。地陷是因為規劃過於急功近利而造成的，因為當年政府要趕着在回歸前賣地，一般填海得來的土地要待幾年後，待土地鞏固了才開始蓋樓。但由於我們趕着蓋樓，不待土地鞏固便立刻打春蓋樓，蓋樓時有些設計為了省錢，有些好的設計，便會架高樓板蓋樓，土地下陷對樓板上的建築物沒有影響。但有些設計為了省錢，在地板上僅僅鋪上一些水泥便蓋樓，這樣便算了，這樣便會形成地陷。

　　地陷對風水有何影響呢？風水上來說，哪一個方位出現地陷，便會對家中某些人有影響。譬如西北方出現地陷，便會對長者有影響，病痛會較多。筆者曾經見過一個例，在一間房子前方的中間位置，出現了一條縫隙，後方也有一條縫隙，結果這房子的主人怎樣？他的腰骨因為做骨刺手術而癱瘓了，縫隙影響了屋主的腰骨。

站在電視廣播城一邊，已可以見到不遠處的垃圾堆填區。

沙田水貴平靜

人工與自然

　　風水中方向、時間稱為理氣，而看某地區的風水，除了要顧及理氣外，還要考慮該區本身的地勢地形才行。風水上稱這種觀地判形的方法為「巒頭」。

　　風水學上指出，一個地區的改變，是天運配合形勢，「地傑人靈」而成的。換言之，一是天然條件的改變，二是人工改動的影響。

　　古代由於勞動力低，要改變某地區的基本山川形勢，常要經幾百年人工和天然條件的慢慢改動而成。現代由於科技進步，可以進行大規模的移山填海工程，要改變某地區的山水面貌，比起古代就容易得多。而隨着山水形勢的轉變，風水運氣亦有所不同。近年來新界衛星城市沙田的變遷，正是這方面很好的例證。

沙田區地圖

水貴平靜，發展迅速

　　沙田本來是新界一個小村鎮，因為火車經過此地，於是發展成為通往新界的門戶。不過，當時城門河未填海，河口非常龐大，而且收盡吐露港之急流，河口十分飄蕩。堪輿學中水口位為一個大局的重點，城門河由於河口「大局無收」，故此幾十年來發展不大。

　　沙田是在短短幾年間發展起來的，這當然與當時香港政府的城市計劃有關，但從風水的角度來看，沙田城門河填河工程，把河口收窄，正好配合天運旺氣的轉移，故可以發展成今日之面貌。相反，和沙田同時期發展的屯門，則未有如此大的改變。

　　經云：「山主靜，貴乎動；水主動，貴乎靜。」來水本是天地間五行中最動之物，但最寶貴就是能夠動中帶靜。城門河本來寬闊的河床改窄，河面由動盪不定轉為平靜，正合乎水貴平靜的原則，再加上 1984 年後旺神在正東方，而填海後的城門河出水位亦向東移，得旺神之相應，故此在幾年間人口大增，發展迅速。美中不足的一點是，由於策劃設計未有顧及風水形局，城門河河面改成一條直線，水道變成「太沖」及「直射」，所以沙田地區縱然興旺，但因水道直沖，財源不聚，沙田區居民雖可小康，但多不能大富大貴。

吐露港之急流

　　這形勢也正配合卦理。沙田三面環山，只有城門河從東北方（艮宮）流出吐露港。經云：「水看對面，風看來方。」用大玄空的卦理推算，沙田要在上元二運才可以發大富大貴（下一個「二運」是公元 2064 至 2083 年）。故此，沙田大局也未全應天運，只可以小康而已。

沙田城門河

沙田東南區的零神正神

沙田第一城邊有一小支流流入城門河

沙田地區大局雖然未應天運，但個別的分區由於「零神正神」不同，其興衰亦有別。

以城門河為分界，沙田可分作東南、西北兩大區。從基本局勢來看，東南區的水在西北方，背面的馬鞍山在東南及正東方，零神（水神）方有山，正神（山神）方有水，風水上稱為「零正倒置」，地勢不太好，主要受影響地區在小瀝源、河畔花園一帶，該處居民的人丁和財運都不太好。

不過，在整個東南區中，也不是每個地區都不好。沙田第一城旁邊有一小支流流入城門河，小支流正好在第一城北方和東方流過。北方、東方均為七運零神方，故此第一城的風水比較算中吉。此外，東南區的紅梅谷地區，因城門河在其北，金山在其西，零神正神配合，所以這區也是比較吉利。

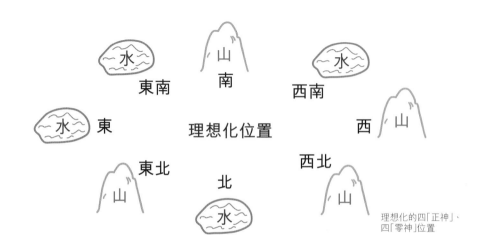

理想化位置

理想化的四「正神」、四「零神」位置

沙田西北區的零神正神

　　沙田西北地區（如沙田市中心、火炭）的東南方對着城門河，而東南方為巽方，是七運之零神，加上卦爻配合，所以風水上較對岸地區為吉。這一區的西北方、西方及西南方都有高山環繞，正配合七運正神吉照，因此可以旺財旺丁。但是，由於城門河基本格局水道直沖，所以財帛難以聚於本區，居民只可小康而已。

沙田馬場

　　就整個西北區來說，以九肚山馬場一帶風水最好，因為九肚山地區近城門河口，面對的沙田海是正東的零神方。加上火炭河在其西南方注入城門河，零神配合，故此一帶可旺丁旺財。

　　從上述例子可見，從風水角度來看某地區，先要着眼於大局形勢。如果大局不太吉，只要個別地區小局「零正」配合，也可以有作為；倘若小局不好，亦可以因樓宇的坐向好而小康；甚至住宅，以至房間，也可以用同樣道理判斷。相反，假如大局吉，小局或家宅不好，也可以大凶。

　　由此可見，一個地區之吉凶，要看大局和本身家宅，兩者都要參看，才能下判斷。當然最好是大局形勢吉，家宅坐向又好，則定會大富大貴，丁財兩旺。

沙田市中心

馬鞍山龍砂水穴

「呼形喝象」有原則

位於沙田東北部的馬鞍山，行政上原本屬於沙田區的一部分，但由於其發展較沙田為遲，所以一般被人認為是一個自成一體的新市鎮。自馬鞍山鐵路通車後，馬鞍山的樓價上升，地運也開始興旺起來。而馬鞍山新市鎮所倚靠的這座同名山峰——馬鞍山，也對區內的風水有莫大的影響。

在風水學上，古人有一套名為「呼形喝象」的方法，也就是以外形來命名，看它像一隻動物或是一件物件等。這個命名雖然表面上也可以亂說，覺得它像甚麼都行，其實古人有一套規律。

舉例說三個山峰，香港的獅子山有三個山峰，桂林的駱駝山也有三個山峰，香港的畢架山也有三個山峰，如何決定哪座是獅子，哪座又是筆架或駱駝呢？

譬如獅子山，獅子山有石頭，古人說石頭有煞氣，因為這座山有煞氣，因此不能挑一種很溫馴的動物，要兇猛一點，所以是獅子。

駱駝山，可以看到那座山也有三個山峰，其中一個山峰較高，但較高的那座山峰是在一旁，而不是在中間，因此就像一隻駱駝，有一個頭及兩個駝峰。

至於畢架山的三個山峰，中間的山峰較高，像古時的人用來擺放筆的筆架。所以說，「呼形喝象」原來全部都有原則。

桂林駱駝山

家居望見馬鞍，有利升職

　　馬鞍山外表像古時的人用來騎馬的馬鞍。馬鞍並不是一件簡單的東西，為甚麼呢？因為古代只有當官的人才能騎馬，是一個地位的像徵，不當官的人只能騎驢、騎牛或騎騾。因此古人說望見馬鞍有利升官。

　　馬鞍山的龍脈，在這裏看得很清楚，從馬鞍山一直往下，就是馬鞍山的市中心。就如一頭馬正在低頭喝水，在喝城門河的水，以及吃附近的草。因此馬鞍山的對面，城門河後的地方，就名為馬料水。

　　按照這個看法，馬鞍山的龍脈延伸往下，最好最正的位置，應是在耀安邨以及新港城。那裏正是馬鞍山的市中心，也就是馬鐵的馬鞍山站。

　　我們稱馬鞍山為龍砂水穴，龍代表龍脈，砂是指龍脈旁的山水。馬鞍山屬砂，適宜望見而不宜背靠。要是以馬鞍山作龍脈，便會出現一個現象，就是這裏的人經常也不留在家，早上出外工作，晚上回來睡覺，或者經常飛來飛去，走來走去。當然這也很難說是好處還是壞處。住在這裏的好處是能夠賺到錢，不過由於馬鞍山是一頭馬，多往外跑，花費也較多。

馬鞍山就像一隻馬鞍的形狀

　　相對來說，能望見馬鞍山及馬料水的地方風水較好。譬如中文大學正面望向馬鞍，因此有利教育、升遷、祿馬等，中文大學的名聲如此高，培養出很多的名人高官，原來也就是這個原因。

　　馬鞍山的居民較少在家，起床便上班，下班才回家，起床又去上班，很少聚在家裏，正是因為這一頭馬經常要前往馬料水喝水。如要改善這個問題，其實很容易，只要在警署的後山加建泳池，或者建水池，或者建人工湖公園，便能把水積聚在馬鞍山，人也會聚在馬鞍山。有水聚人便旺丁，旺丁自然旺財，因為本區的人會留在這裏消費，不會前往香港九龍新界各區消費。

馬鞍山的龍脈延伸往下，正落在馬鐵的馬鞍山站一帶。前方的城門河水和對岸的馬料水，正是這匹馬的飲水和食草。

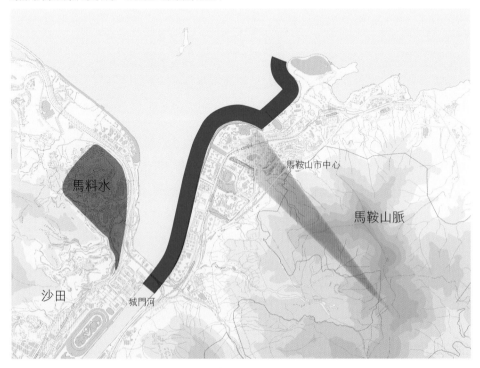

香港中文大學的位置正望向馬鞍山的馬鞍方向,故有利於學術和聲名。

溶洞損害龍脈,不利健康

馬鞍山一直以來樓價最高,最受買家歡迎的沿海豪宅,有部分的屋苑地底原來是溶洞區。

那裏原是城門河的河床,河床底部有溶洞,填海建屋後,溶洞仍在,造地基時也較麻煩。地下有溶洞,在風水的角度不太好,就如龍脈穿了一個洞孔般。

溶洞區是很有趣的,一座大廈的地底有溶洞,但鄰座的地底不一定也有溶洞。要想知道自己住的大廈是否有溶洞,就需要翻查政府的記錄。

假如住在了溶洞之上,本身並沒有化解方法,但馬鞍山有一個好處,因為這裏的大水口,剛好是吐露港的東北方,正對馬鞍山的水口,八運時這個水口有大水流入,在八運時,馬鞍山是很安穩的。雖然住在這裏的人較辛苦和奔波,但大家也可以看到,馬鞍山較少家居意外,或家庭慘劇。住在這裏很安穩,只是較辛苦和勞碌。不過,在這個世上不辛苦,又豈能得到世間財。

民間高塔是風水建築

中國古代建築中，塔是其中一個獨特的建築形式，因此在十八世紀不少外國所繪畫的圖畫中，塔成為中國山川風景中一個很重要的題材。

有一些學說認為，塔這種中國獨有的建築是來自印度的佛塔，是一種舶來品。但是從印度現有的遺址考證，印度式佛塔雖然也是高大的建築，但是建築的下段是一個圓缽體，上段則有羅傘等支柱在上。有學者更認為這種形式是在佛陀涅槃後，把他生前的手杖及化緣的缽反蓋在陵上而成，所以傳統的佛塔並非中國一層層樓閣式的建築。

中國式的佛塔更似漢代非常流行的高閣，這種形式的建築在不少的明器（陪葬品）也可以見到。印度佛塔來到中國後也變身為這種多層式塔樓。

印度佛跡聖地的佛塔遺址

浙江新葉村的轉雲塔與旁邊的文昌閣

但是中國的塔不限於佛塔，在民間塔也變成一種風水建築。這種風水塔有一個特點：它通常不是建於一個村落之中，反而是建在村鎮之外的河口或山上。塔一般是七層高，以當時的財力及技術，要建一座七層高的塔所花的財力不菲，等於今日建一幢摩天大廈。但是這些塔建成後一般都沒有人居住，也沒有明顯的功用，只是作為祭祀一些神祇之用。

為甚麼要建一座花費巨大的七層塔在村鎮之外而不用呢？在風水理論上它又起甚麼作用呢？

一般情況下，如果這不是一座寺廟的佛塔，大部分都是一些文昌塔，其他有武功塔、厭煞塔、青龍塔等等。這些塔本身是某村莊或城鎮用來修補其他風水缺陷而設的，是與某村鎮的宗祠、文廟及書室互為關係的。

高塔震文昌

因為在古代，村鎮都認為「有人在朝好做官」，如果家族式城鎮中有子弟取得功名，在政治上可以保護該地區利益，免受其他村鎮侵蝕，情況有如今日地區人士尋找區議員或立法會議員幫助一樣。此外，在聲名上也可以保障當地人在商貿上的利益，正所謂「一人得道，雞犬升天」。

所以古代的人都非常熱衷找代表考功名。中舉人也可以在村中光宗耀祖，幫助村民脫貧。文昌塔的作用是在宗祠或文廟的文昌位立一塔，間接增加該方位「山」的高度。

在風水上，文昌塔是一個火星或中星，在九星中是「廉貞」星，在中州派「排龍訣」中，廉貞並非吉星，但也可以適當地妙用。

這種以高塔震文昌的例子，舉國皆是。但遠在天邊，近在新界，本港唯一現存的古塔——新界屏山聚星樓便是一個好例子。

《鄧氏族譜》記載昔日屏山地貌及村落分佈情況

　　聚星樓於 2001 年被列為法定古跡。根據政府出版的屏山文物徑介紹，聚星樓是香港現存唯一的古塔，座落於上璋圍之北。據屏山《鄧氏族譜》記載，聚星樓由鄧族第七世祖鄧彥通興建，已有超過六百年的歷史。塔在傳統上多為佛教建築，但過往亦有很多塔是為了改善地方風水而興建。鄧族父老相傳，聚星樓矗立的位置原是河口，面對后海灣，興建聚星樓是用以擋北煞，鎮水災；而聚星樓與青山風水遙相配合，亦可護佑族中子弟在科舉中考取功名。事實上，鄧氏歷代人才輩出，士人及當官者不計其數。

　　上述的描寫簡單地說明聚星樓的作用，在本港風水雜誌中也有不少文章論及，但對於真正的風水佈局，大多都沒有詳細的描述。

　　其實從《鄧氏族譜》內記載的圖中可見，聚星樓被稱為的文塔，在屏山鄧氏宗祠的右方白虎邊，位置在后海灣的河口，而青山則遙遙在宗祠的左方青龍首。屏山上的警署則名為番差館，可見此圖是繪於英軍 1897 年佔領新界之後。

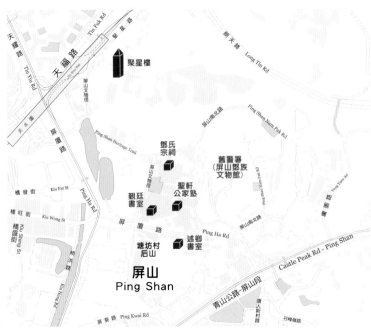

屏山聚星樓原為火星

佈局以鄧氏宗祠為中心

其實聚星樓是以屏山坑尾村鄧氏宗祠為中心而組成的一系列佈局。鄧氏宗祠建於 1550 年，是三元九運中下元三運的建築。它的東方是屏山，是坐乙向辛、坐東向西的建築。有不少不懂風水的人誤傳，以為家向西因「歸西」而不吉。而這宗祠因為三運旺東，所以坐屏山靠東面向西，正好打破這些假傳說。

鄧氏宗祠左青龍有青山高聳，但白虎方反而是一馬平川，所以建聚星樓有助平衡白虎位，也可以作為一個「羅星」堵塞着出海的海口。在排龍上，橫州丫髻山為屏山的祖龍，排得武曲、左輔兩吉星，合下元吉運。

懂飛星的朋友都知道，三運乙山辛向，乾方正好疊四得文昌之位，正南是一白水星。故此在乾方建七層的聚星樓正好合「一四七」之局。

鄧氏把他們家族所有後建的書室和私塾，包括聖軒家塾（卜卜齋）、若虛書室、述卿書室、覲廷書室都建於這座宗祠的南方，與南面塘坊村後山得「一白」，會應全局，配合了古書所云：「一四同宮，必發科名之顯。」

鄧氏宗祠

風水因大環境而轉變

　　滄海桑田，鄧氏這套嚴密的風水格局卻因為大環境的改變而起變化。首先是聚星樓七層塔被颶風所毀，後人只把它修成三層，破了「一四七」之局。

　　在英軍佔領新界時，鄧氏曾經反抗，所以當時港英政府在屏山山頂建了一座殖民地式警署，以作監視鎮壓，它也正好成了一個「風水厭勝」工具，壓在鄧氏的靠山（屏山）之頂。所以近代鄧氏有政治功名之人日少。回歸之後，這座受保護的歷史警署已改為鄧族文化館。

　　到了現在，聚星樓前已成為西鐵站及天水圍一帶的公屋，高度相等的公屋形成一個平頂的「土形」屏風，比聚星樓更高，文昌位的風水被畫破。

屏山聚星樓舊貌

三運乙山辛向

2　6 二	6　① 七	4　8 九
3　7 一	1　5 三	8　3 五
7　2 六	5　9 八	9　④ ㊃

山　　　　　　向

三運乙山辛向飛星圖

屏山鄧族文物館（舊警署）

西鐵天水圍站周圍的公屋

天火圍建起大片公屋後，聚星樓不再起火星的作用。

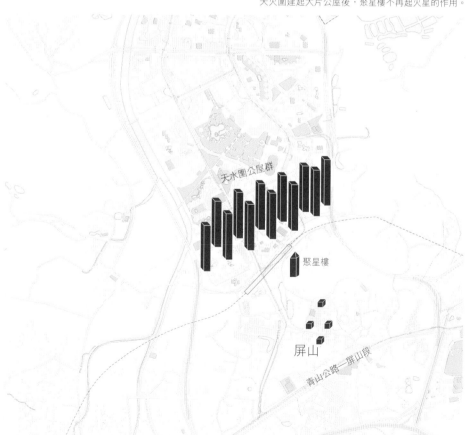

天水圍絕不悲情

新市鎮現象

今日香港有一個現象，所有香港被認為是有特色、有特別文化氣味的商業區，都是位於一些 1960 年代以前規劃的舊社區、舊鄉鎮。香港政府 1970 年代以後規劃的新市鎮似乎都未能產生吸引力，吸引區外人士及遊客到此地消費。所有社區消費都是由區內本土產生，如果某個社區普遍都是中下階層，其消費商業就變得更不發達了。

但是同樣是一些中下市民的社區，為甚麼又可以發展出元朗食街、西貢海鮮及糖水、九龍城小街等消費市場呢？

其中有一個最大的分別。這些新市鎮、大型屋邨都規劃出一些大型的室內商場，管理完善，無小販，無後巷店。這些都是佔有整條大街長 300 至 500 米以上的大商場，小街小巷都在這些規劃中消失了。

九龍城食街

規劃賣地的惡果

這種情況產生的原因之一是，新市鎮都被規劃成一片一片的大地塊拍賣，因為政府要求每一塊地都要有合乎「城市規劃指引」的泊車位！

結果只有超過八萬呎以上的地塊才可以滿足此需求。

結果只有少數大地產商才有足夠財力買這些地。

結果小地產商也有錢無地買。

結果政府被人指為官商勾結。

這些規劃可以減少交通擠塞及城市管理，但是城市的街道不再是以人為本，而是以車為基礎，我們變了汽車這個猛獸的附屬品，城市的街道也變得冷漠、乏味，新市鎮變成一些只用來睡覺的「睡覺城市」（Sleeping Town）。

為甚麼這些「建築師」不能設計一些街舖呢？這是因為不少「規劃賣地」條款及法例的多方規定，加上經濟因素，使街道設計「不具備」營商條件，所以才會變成一個又一個的室內商場。

旺角小商舖街景

　　當然這些商場的設計規劃也未為不可，其中也有不少好的創作。「有冷氣」、減少「黑社會」參與、「有管理」，都是它的好處。

　　但是正因為商場要有冷氣，又有管理保安、室內燈光等等，便增加了經營成本，商場內變成大部份是集團式的連鎖店，缺乏了特色。一個商場所見的商品與另外一個也差不多，自然難以吸引區外人士來找特色店，所以變得面目模糊了。

　　一片大商場除了扼殺了小街小巷小店的特色，大業主還會隨着生意好而加租，當經濟轉向、上落時，小商店便較容易被扼殺。

　　與此相反，旺角、灣仔等舊區是由人行路為基礎規劃，所以它們的街道較短，街邊舖林立，而街道中馬路只有二式四行車道，中間沒有花盤欄河等阻隔。

　　這種格局是交通工程師之惡夢，也增加了城市管理的麻煩，但卻是商舖交易的黃金地。

　　在中州派玄空學上，這些街的闊窄與兩旁樓宇的高度比例都是一種「丈量」，與排龍法有關。有「法」可依，可以計算。

灣仔小商舖街景

天水圍的風水問題

今日天水圍因為出了多次貧窮家庭悲劇，又被一支歌唱衰了，被人冠以「悲情城市」的封號。

其實天水圍並非如報導所說，雖然它主要是一些中下階級居住，但也有其好的一面。

筆者的一位徒弟也是家居天水圍，他是個港大學生，現在讀的是武職專業，正合天水圍發「武」不發「文」的格局，他未讀完書已考到專業資格，前途無可限量。據他所述，在地鐵站上也遇上不少同大學的學生，可見這些屋邨內也有人大有前途，並非一個悲情城市。

在堪輿學上，天水圍的問題是由它的「地」開始，因為天水圍的前身，大部份都是魚塘填平而得之土地。這些填土都是由外地運來，古人稱為「客土」。

風水有云：「客土無氣」，所以這些填土上都有不利居民的因素，但也有可以開發的地方。

這片地的魚塘填平，風水上屬於「濕淫」之地，屬「陰土」。這些「濕淫」雖不一定利於住宅，因「桃花」太重，但是可以旺於商業，利「武」不利「文」。

天水圍大部份都是魚塘填平而得之土地，屬濕淫之地。

解決辦法

天水圍的商業不旺，是因為它的城市及道路規劃都有問題，它的城市規劃正如前述是一條條長街，兩旁三行樹木分隔，路面大部份都不准停車，這些街是為「車」而設計的，不是以人為基礎。路面太闊自然不能「聚氣」，所以商業不旺。

與標準的新市鎮一樣，區內商業都集中在一些室內商場，街舖根本不能生存。

今日天水圍低收入人士多，但在區內只有一些大商場有就業機會，且職位不多。這些人士如果到外區找工作，交通費的成本又太貴，得不償失。

所以蔡瀾先生有此遠見，提出把一片空地變為小販區，讓這些半失業人士可以減低成本去創業，但是政府官員怕麻煩，怕管理，把它轉為老人院，這是一個錯誤，對於天水圍的助力不大，這才是一個可悲的規劃。

除了商業之外，要解決天水圍的風水，可以有兩個做法。

在整個區之西北方建一座宗教性之建築，不管是教堂還是廟宇都可以。

在整區之東南面，舊屏山警署，現在的鄧族博物館方向建一座特別高之大廈，則整個天水圍的城市面貌及人民生活都可以改觀。

天水圍城市規劃是一條條長街，兩旁三行樹木分隔，路面大部份都不准停車。

迪士尼來龍格局

「西南有水，東北有山」之説

　　香港迪士尼樂園在沒有其他迪士尼的競爭下，2005 年開幕至今的成績，有目共睹。雖然是增加了一些新景點，但生意似乎不見有太大起色，甚至比「土炮」的海洋公園還要失色。因此特區政府才在新 CEPA 規定下，深圳非永久居住的外地人旅遊團，規定要去迪士尼，幫助增加生意。迪士尼這個家傳戶曉、又擁有自己電視台的美國品牌，在香港出了甚麼問題呢？

　　迪士尼在興建籌備時及開幕一段時間後，曾兩次請人看風水。這位風水先生在接受訪問時提到，迪士尼是用「西南有水，東北有山」的格局來佈置的。

　　從風水的評論來看，整個迪士尼的風水，首先是要看它的總部大樓。從外形看格局的得失，它的總部就有如一個人的腦袋、一條龍的龍頭。

迪士尼風水問題多，尚待高人去化解。

　　近代三元玄空飛星，經清末民初沈竹礽及其子沈祖綿破譯及推廣，一變而成近代風水的主流派別。現在公開講學的課程中，有不少都是以玄空飛星作為中、高級課程。幾乎人人學風水，十個有九個都懂一點飛星之法。

　　前面所說的，正是玄空飛星中的大玄空和九運零正之法，坊間有不少大師也用此作為外形勢的指引。

　　這套說法基於三元派的曆法規律而來。三元派是以五百四十年為一個「大三元」，再分三以一百八十年為一個「三元」，一百八十年分三為三個「六十甲子」六十年。第一個六十甲子稱「上元」，第二個稱「中元」，最後一個叫「下元」。每個元又分為三段時間，一個片段為二十年，稱為一個運，一百八十年共九個運，以一至九之數安排，如上元有「一、二、三」三個運，中元有「四、五、六」運，下元則是「七、八、九」運。

　　現在我們正處於下元八運，八運處於 2004 年至 2023 年之間。

　　這九個運也可以以《洛書》九宮分配於東西南北八個方位及中宮。

　　大玄空的基本概念是每當某運來時，那個數所配的方向就是正神方。其相反方向就稱為零神方位，在九宮之中零神數加正神數剛好「合十」。

　　以八運來說，「八」在《洛書》中是東北方，是正神，它的相反「二」是在西南方，是零神。

　　所以這就是這位風水先生所說「東北有山，西南有水」的來源。

　　但是在中州派，認為這零正神之說只是大玄空中的皮毛，有如你在幼稚園學懂 ABC 二十六個字母，並不代表你可以寫一篇英文文學巨著。

從九宮飛星看迪士尼風水

迪士尼的格局坐東向西開門，懂玄空飛星的朋友都知道，它的飛星盤中飛到「八白旺星」到門，「九紫財星」在西北方，這個正好是由欣澳轉入迪士尼必經之路，「九紫火生旺八白土」，火生土，理論上是八運最旺的「兩星到門」，加上大玄空又合零正，這是必旺無疑的，為甚麼會出現問題呢？

這也是一般只懂一點簡單九宮飛星朋友的問題，因為飛星固然重要，但只懂飛星及簡單的零正，是解釋不了「外形勢」山水的問題。現代不少江湖人在「外形勢」上活用形派「呼形唱象」的技術，「隨口噏」那個「形」像甚麼、那條「路」像甚麼，所以才出現獅子山等名詞出來。

迪士尼樂園地圖

　　在真正的「形勢」上要「呼形喝象」，是有一套非常嚴格的數字和方位的要求，才可以定這山水之「形」。例如「形勢」一詞，「百步為形，千步為勢」，一步為現代 1.47 米左右，百步約 150 米，千步則為 1.5 公里，所以都有一定規矩，並非「隨口噏」。

　　「形勢」之內有一套方位時間計算方法，「形勢」之外又有另一套計算方法，兩者都與真山水配合，才可知真的吉凶。中州派之排龍訣正是以此「挨」排「山水」配合真龍真山水。

　　為迪士尼看風水的先生顯然不懂看山水，因為以地圖一看，迪士尼整個地盤在西面有一條半人工小河因迪士尼填海而形成，這條河由西北的乾方而來，在樂園西南彎出海，西南為坤，不懂的人以為是「乾山乾水水來乾」而乾坤配合。

　　但是這坤方水是因填海人工所造，是「直射」而出，所謂「水去無收」，形格上「直射」迪士尼。這些「形格」，也不是空泛的「隨口噏」一些形狀便算，「形」是可以有數理配合解釋的。

　　從排龍訣所「挨排」，迪士尼總部「排」得文曲龍，此龍在八運屬失運之龍，更非五吉之局，也非單用玄空飛星飛到吉星便可以解決。

來龍格局的缺陷

此外，迪士尼雖然稱是東北有山，但這條龍脈的主峰其實在迪士尼之北而非東北，就算它的近山在東北，水山祖山而向東北，山屬土，土反剋水，來龍也有毛病，而這位風水先生未有化解。問題多多，所以迪士尼不出問題才不正常呢。

現代看風水與古人不同，古人先測地後建築，現代是「東家」早已有指揮好的地點及建築。甚至有人差不多全部裝修好才去看風水，加上不少屋是多層住宅，四周沒有花園可以改動的，大錯都早已鑄成。所以在香港看風水，有些時候只可以叫主人搬屋，或是頭痛醫頭，改善一下。

這個環境形成香港不少人看風水，只懂用九宮飛星在室內微調，當然有江湖人誇口甚麼都可以改，結果是大部分人都不懂看外格局，更不懂外格局的數理。

迪士尼擁有一個優點，由於整片土地都屬於其範圍，所以可以在外環境上改變其先天排龍之不足，更可改變來龍格局的缺陷，並非一個不可改變的死症。